FRÉDÉRIC LENOIR

Der kleine Philosoph

WIE KINDER DENKEN

AUS DEM FRANZÖSISCHEN VON ANTJE PETER

TROPEN SACHBUCH

Tropen
www.klett-cotta.de/tropen
Die Originalausgabe erschien unter dem Titel
»Philosopher et méditer avec les enfants«

Printed in Germany
Umschlag: Zero Media GmbH, München
unter Verwendung einer Illustration © FinePic
Autorenportrait auf S. 1: © Eric Garault
Gesetzt von C.H.Beck.Media.Solutions, Nördlingen
Gedruckt und gebunden von Friedrich Pustet GmbH & Co. KG,
Regensburg
ISBN 978-3-608-50350-0

Bibliografische Information der Deutschen Nationalbibliothek
Die Deutsche Nationalbibliothek verzeichnet diese Publikation
in der Deutschen Nationalbibliografie; detaillierte bibliografische
Daten sind im Internet über http://dnb.d-nb.de abrufbar

Wer jung ist, soll nicht zögern zu philosophieren, und wer alt ist, soll nicht müde werden im Philosophieren. Denn für keinen ist es zu früh und für keinen zu spät, sich um die Gesundheit der Seele zu kümmern.

Epikur, Brief an Menoikeus

INHALT

VORWORT

»Mama, kaum zu glauben, dass ich siebeneinhalb Jahre warten musste, bevor ich philosophieren konnte!«, ruft Julien, als er von seinem ersten Philosophieunterricht nach Hause kommt.

In diesem Buch möchte ich von dem faszinierenden Abenteuer berichten, das ich mit Hunderten von Grundschülern in der gesamten französischsprachigen Welt erlebt habe: von Paris über Molenbeek bis Montreal, Abidjan, Pézenas, Genf, Mouans-Sartoux, Brando, Fontenay-sous-Bois und Pointe-à-Pitre.

Kinder besitzen eine außergewöhnliche Fähigkeit, die Welt zu hinterfragen, Dinge wissen zu wollen, sich zu begeistern, zu reflektieren, ihre Überlegungen miteinander zu vergleichen – kurzum: zu philosophieren. Wie schon Montaigne empfahl, sollte man den Kindern möglichst früh zu einem »gut funktionierenden« Kopf verhelfen und nicht nur zu einem »gut gefüllten«. Statt vorgefertigte Konzepte zu akzeptieren (was gegenwärtig bis zum Abitur praktiziert wird), könnten die Kinder lernen, unter Einhaltung bestimmter Regeln zu debattieren und einen kritischen Geist zu entfalten. Sie könnten lernen, sich ein eigenes Urteil zu bilden und eine persönliche Haltung zu entwickeln, die weniger auf Glauben und Meinungen basiert als vielmehr auf rationalen Argumenten. Deshalb bin ich seit langem der Überzeugung, dass man nicht erst kurz vor dem Abitur, sondern bereits in der Grundschule mit dem Philosophieunterricht beginnen sollte. In einzelnen Fällen wird dies übrigens bereits seit Jahrzehnten praktiziert – ich wusste nur nichts davon.

Das Abenteuer begann im Juni 2015, als ich mich mit Catherine Firmenich, Gründerin und Direktorin der Schule La Découverte, in Genf traf. Während einer Konferenz erörterte ich diese Frage, die mich so sehr beschäftigte. Nach meinem Beitrag wandte sich Catherine Firmenich an mich und sagte: »Das gibt es doch schon! Wir veranstalten seit mehreren Jahren Philosophiekurse für Kinder zwischen vier und elf Jahren.«

Vollauf begeistert nahm ich ihre Einladung an, zu Schulbeginn zum Hospitieren zu kommen. So wohnte ich also einem Philosophiekurs für Kinder zwischen sieben und acht Jahren bei, der von der Grundschullehrerin Bernadette Raymond geleitet wurde. Wie die anderen Lehrer der Schule wandte auch Bernadette bei ihrem Unterricht die sogenannte Lipman-Methode an. Sie geht auf den amerikanischen Pädagogen Matthew Lipman zurück, der sich in den siebziger Jahren als erster dafür einsetzte, Kinder in Philosophie zu unterrichten. In der französischsprachigen Welt wurde seine Methode vor allem von Michel Sasseville weiterentwickelt, der als Professor an der Université Laval in Québec lehrt. Die Methode besteht im Wesentlichen darin, die Kinder anzuregen, sich auf der Basis eines Textes eigene Gedanken zu machen und diese dann zu diskutieren. Michel Sasseville bildete dafür persönlich die Lehrer aus. An dem Tag, als ich hospitierte, waren die

Kinder gerade dabei, einen Auszug aus der Geschichte von Helen Keller zu durchdenken, die sich, in Folge einer Krankheit blind, stumm und taub geworden, unnütz fühlte. »Warum fühlt sie sich unnütz?«, fragte Bernadette. Es folgte eine lebhafte, aber sehr strukturierte Diskussion, bei der jedes Kind die Hand hob, wenn es etwas sagen wollte, und bei der Argumente durchaus kontrovers abgewogen wurden. Ich war tief beeindruckt. Was ich mir vorgestellt hatte, gab es tatsächlich – und es funktionierte hervorragend.

Ich selbst hätte allerdings keinen Text als Ausgangspunkt genommen. Warum nicht direkt nach sokratischer Manier eine Frage in den Raum stellen wie: »Was bedeutet es, nützlich zu sein?« Ich entschloss mich also, selbst die Initiative zu ergreifen und Philosophiekurse ins Leben zu rufen, bei denen die großen philosophischen Fragen über das Glück, die Liebe, das Leben in der Gemeinschaft, den Sinn des Lebens, den Tod, die Gefühle, die Gerechtigkeit und so weiter diskutiert werden sollten.

Zwei Monate lang bereitete ich mich auf diese Reise mit den kleinen Philosophen vor, indem ich Kontakt zu Lehrern und Direktoren von Schulen in Frankreich, der Schweiz und in Belgien aufnahm. Und da ich ohnehin Reisen nach Guadeloupe, Kanada und an die Elfenbeinküste geplant hatte, beschloss ich, auch an diesen fernen Orten Philosophiekurse durchzuführen, um die kulturelle Vielfalt der französischsprachigen Welt vollkommen auszuschöpfen. Von Januar bis Juni 2016 widmete ich mich ausschließlich diesen Unterrichtsstunden, von denen ich etwa fünfzig an zehn verschiedenen Schulen und in achtzehn Klassen veranstaltete. Mehr als vierhundert Kindern begegnete ich mindestens drei- oder viermal, sodass ich ihre Fortschritte selbst verfolgen konnte.

Noch bevor ich mit den eigentlichen Workshops begann, kam mir eine weitere Idee. Jacques de Coulon, ein Freund von mir, der zur selben Zeit wie ich Philosophie in Fribourg in der Schweiz studiert hatte, setzte vor etwa zwanzig Jahren an einer dortigen Schule eine bahnbrechende Idee in die Tat um und sorgte lange Jahre dafür, dass sie beibehalten wurde: Meditationskurse mit Jugendlichen. Jacques hatte mir davon berichtet, in welchem Ausmaß diese tägliche Praxis in sämtlichen Klassen das Leben der Schüler veränderte. Darüber hinaus wurde übrigens auch das der Lehrer einfacher. Die Meditation, verstanden als eine nicht konfessionsgebundene Praxis der Achtsamkeit, ermöglicht es den Schülern, ihre innere Unruhe auszugleichen und zugleich konzentrierter zu arbeiten.

Da ich selbst seit mehr als dreiunddreißig Jahren diese Form der Meditation des Im-Hier-und-Jetzt-Seins praktiziere, entschied ich mich, den Philosophiekursen jeweils eine kleine Meditationssitzung voranzustellen, damit die Kinder die volle Kapazität ihrer Sinneswahrnehmungen ausschöpfen konnten und lernten, den ununterbrochenen Fluss ihrer Gedanken zu durchbrechen und sich stattdessen ganz auf den Augenblick zu konzentrieren.

Das Ergebnis dieser Kurse übertraf meine Erwartungen. Die Kinder waren begeistert von den Übungen, wie ich später anhand von konkreten Beispielen untermauern werde. Nach zwei oder drei Meditationssitzungen in der

Klasse entschieden die meisten der Schüler spontan, sie allein für sich fortzusetzen – meistens, wenn sie in einem emotionalen Erregungszustand, zum Beispiel wütend, waren, und nach Beruhigung suchten. Mehrere Lehrer, die die Wirkung dieser Praxis beeindruckte, entschlossen sich, sie täglich weiterzuführen oder zumindest als Instrument des Zur-Ruhe-Kommens einzusetzen, wenn sie den Eindruck hatten, die Schüler wären aufgeregt und nervlich angespannt.

Es gibt mehrere Gründe dafür, weshalb sich Kinder so außerordentlich für Philosophiekurse interessieren. Zunächst, weil dies der einzige Raum ist, in dem sie frei heraus sagen können, was sie denken, ohne vorgefertigtes Wissen wiederholen zu müssen und ohne beurteilt oder benotet zu werden. Die Lehrer hätten, so sagen sie selbst, erst bei diesen Kursen festgestellt, welchen intellektuellen Scharfsinn der ein oder andere Schüler, der im normalen Unterrichtsalltag kaum aufgefallen war, auf einmal unter Beweis stellte, während sich andere Schüler, die mit Blick auf das konventionelle Lernpensum gute Erfolge erzielten, schwerer damit taten, eine persönliche Meinung zu formulieren, Argumente zu finden und diese zu verteidigen. Zudem lieben es Kinder, die großen existentiellen Fragen der Philosophie zu diskutieren: Was ist Glück, was bedeutet Leben und was Tod, was sind eigentlich Emotionen und Gefühle, wie können wir die Beziehung zu uns selbst und zu anderen beschreiben und dergleichen mehr. Sie bekommen nicht oft die Gelegenheit, über diese Fragen zu sprechen und zu sagen, was sie darüber denken. Und schließlich haben sie ganz einfach Spaß am Austausch von

Ideen. Sie gelangen schnell von der bloßen Beschäftigung mit unterschiedlichen Meinungen und Vorstellungen zur Entwicklung eines klaren Gedankens – was voraussetzt, dass man einander zuhört und stichhaltige Argumente sammelt, die zur Weiterentwicklung des gemeinsamen Nachdenkens beitragen.

So kam ich auf die Idee, dieses Buch zu schreiben, um den Erziehern, Eltern und Lehrern zu zeigen, welche positiven Auswirkungen Meditation und philosophische Diskussionen auf die Kinder haben. Tatsächlich sollte die Praxis der Achtsamkeit nicht auf die Schule beschränkt bleiben. Genauso gut kann sie individuell zuhause geübt werden. Viele Kinder meditieren nicht nur weiter, wenn sie sich in ihr Zimmer zurückziehen, einige haben mir erzählt, dass sie die Technik sogar ihren Eltern beigebracht hätten. Und auch philosophische Debatten eignen sich wunderbar für den familiären Rahmen: Man setzt mehrere Kinder zusammen und lässt sie über eine Ausgangsidee oder einen vorgegebenen Text nachdenken.

Dieses Buch ist daher als eine Art Anleitung für philosophisch ausgerichtete Kurse zu verstehen. Um jenen Erziehern zu helfen, die selbst keine philosophische Ausbildung haben, führe ich zahlreiche konkrete Beispiele zu den wichtigsten Themen an. Sie sollen zeigen, wie man eine solche Diskussion leitet, ohne seine persönliche Meinung in den Vordergrund zu stellen, indem man sich auf das stützt, was die Kinder sagen, denn nur so können sich Reflexion und Diskussion fruchtbar entfalten. Am Ende des Buchs finden sich einige praktische Hinweise zu den großen philosophischen Begriffen, die den Lehrern und Erziehern helfen können, die Debatten anzuregen und zu leiten.

Die gesamte Welt der Erziehung befindet sich in einer Umbruchphase. Dabei geht es vor allem um ein besseres Verständnis für die Kreativität der Kinder, ihrer emotionalen Intelligenz, ihres kritischen Geistes und ihrer Verantwortung für die Gemeinschaft. Ich bin dankbar, einen Beitrag zu dieser Entwicklung leisten zu können, denn ich bin davon überzeugt, dass die Erziehung der Kinder Dreh- und Angelpunkt für eine bessere Welt und nicht zuletzt die Voraussetzung für den Kampf gegen jede Art von Fanatismus ist. Dabei geht es in erster Linie darum, die Intelligenz der Kinder und ihr moralisches Bewusstsein zu wecken, sie anzuleiten, ihre Gefühle zu kontrollieren und klare Positionen zu entwickeln, damit sie zu wahrhaftiger innerer Freiheit und Gelassenheit gelangen können.

Die Praxis der Achtsamkeit

DIE MEDITATION ist eine sehr alte Praxis, die in äußerst unterschiedlichen Formen betrieben wird. Im Westen versteht man darunter vor allem das Nachdenken über eine Idee oder einen Text. »Meditieren« nimmt hier also die Bedeutung einer in die Tiefe gehenden Reflexion über einen konkreten Gegenstand an. Nach der östlichen Weisheitslehre wird eine solche tiefgehende Reflexion ganz anders gedeutet: Hier geht es um eine Tätigkeit des Geistes, durch die ein höherer Verstehens- und Bewusstheitsgrad erreicht werden soll, der schließlich zur Befreiung führt, zu einem Erweckungserlebnis, um nicht mehr Gefangener der Illusionen und Gedanken des eigenen Ich zu sein.

VON DER BUDDHISTISCHEN MEDITATION ZUM HIER UND JETZT

In der buddhistischen Tradition wurde die Praxis der Meditation als Methode der inneren Befreiung am weitesten entwickelt, erweitert und verfeinert. Ganz grob kann man hier zwei unterschiedliche Formen unterscheiden. Die erste, die Samatha-Meditation, besteht darin, zu innerer Ruhe zu finden und den Geist zu beruhigen, indem wir ihn vom unaufhaltsamen Fluss unserer Gedanken befreien. Die zweite Form, die Vipassana-Meditation, ist darauf ausgerichtet, mithilfe von Visualisierungsintentionen und -übungen den Geist zu befreien und Mitgefühl zu entwickeln. Meist bestehen beide Ebenen gleichzeitig, sobald sich der Meditierende eine spirituelle Praxis erworben hat. Es spricht jedoch nichts dagegen, beide Meditationsformen isoliert zu betrachten und die Meditation ausschließlich als Technik für die mentale und emotionale Beruhigung zu nutzen. Das angestrebte Ziel ist also weniger der spirituelle Schritt auf eine andere Ebene, der am Ende zu einer Befreiung führen soll, sondern vielmehr ein Zustand der Ruhe und Achtsamkeit. Genau diese »Verweltlichung« der buddhistischen Meditation findet seit gut dreißig Jahren in der westlichen Welt statt.

Die wichtigsten Pioniere dieser westlichen Form der Meditation sind Francisco Varela und Jon Kabat-Zinn. Beide Männer, die in den siebziger Jahren mit tibetanischen Zen-Meistern in Kontakt traten, hatten verstanden, wie wichtig die »nicht religiöse« meditative Praxis für die Individuen der modernen Welt ist, die, gefangen im hektischen Alltag ihres Lebens, nicht in der Lage sind, den unaufhaltsamen Fluss ihrer Gedanken und Emotionen zu verarbeiten. Francisco Varela, den ich in den neunziger Jahren während meiner Promotion über den Buddhismus in der westlichen Welt kennenlernte, war ein chilenischer Neurobiologe, der in Harvard studiert hat. Er hat seine Karriere am französischen Centre nationale de la recherche scientifique (Nationales Zentrum für wissenschaftliche Forschung, CNRS) begonnen und am Krankenhaus Pitié-Salpêtrière ein Labor für kognitive Neurowissenschaften und

Gehirn-MRT geleitet. Als Verfechter der buddhistischen Meditation gründete er 1987 das Mind & Life Institute, das sich um einen Dialog zwischen dem Dalai Lama und hochrangigen Wissenschaftlern zu den Themen Geist und Bewusstsein bemüht. Varela, den man als Vorreiter der Hirnforschung mit Blick auf die Meditation bezeichnen darf, starb 2001. Seine Arbeit wurde weltweit von zahlreichen Forschern fortgesetzt. Unter ihnen befindet sich auch der Franzose Antoine Lutz, der sich nach seiner von Varela betreuten Doktorarbeit über das Bewusstsein dem Thema Meditation aus neurowissenschaftlicher Sicht widmete. Als Forschungsleiter am Institut national de la santé et de la recherche médicale (Nationales Institut für Gesundheit und medizinische Forschung, INSERM) in Lyon und Mitarbeiter der University of Wisconsin in den USA, veröffentlichte er Studien über die Auswirkungen der Meditation auf das Gehirn. Unter seinen vielen Probanden, denen er Elektroden in den Schädel implementierte, befand sich auch der bekannte, aus Frankreich stammende buddhistische Mönch Matthieu Ricard. Varelas Beobachtungen zeigten, dass Menschen, die Meditation praktizieren, über eine größere Fähigkeit zur Aufmerksamkeit und Konzentration verfügen. Darüber hinaus wirkt die Meditation regulierend auf die Emotionen und fördert die Synchronisation der verschiedenen Hirnbereiche.

Viele Mediziner, vor allem Psychiater, interessieren sich seit mehreren Jahrzehnten für die Auswirkungen der Meditation auf die physische und psychische Gesundheit des Menschen. Inzwischen ist es erwiesen, dass regelmäßiges

Meditieren bei Angststörungen und Depressionen hilft. Aus demselben Grund interessiert sich auch der amerikanische Mediziner Jon Kabat-Zinn, der als Dozent für Molekularbiologie am Massachusetts Institute of Technology (MIT) tätig war und selbst Anhänger der buddhistischen Meditation ist, seit Ende der siebziger Jahre für die positiven Auswirkungen der ersten Meditationsstufe (mentale Beruhigung durch die Konzentration auf den Körper) hinsichtlich der Bewältigung von Stress und Angst. Er benennt den Begriff Meditation in »mindfulness« um, womit er vor allem die Präsenz im Hier und Jetzt meint, bei der man seine ganze Aufmerksamkeit dem Atem und körperlichen Empfinden widmet. Deshalb benutze ich gern den Begriff der »Achtsamkeitsübung« oder des »Hier und Jetzt«. Im Jahr 1979 entwickelte Kabat-Zinn eine Methode zur Stressreduzierung, die auf der Praxis des Im-Hier-und-Jetzt-Seins basiert: MBSR, Mindfulness Based Stress Reduction.

MEDITATION – EINE GEBRAUCHSANWEISUNG

Das Prinzip einer solchen Achtsamkeitsübung ist durchaus simpel. Es geht in erster Linie darum, nichts zu hören, sondern einfach nur präsent zu sein, im Hier und Jetzt, im eigenen Körper. Zu diesem Zweck nimmt man am besten eine sitzende Position mit geradem Rücken ein und legt die Hände als geöffnete oder geballte Fäuste auf die Knie. Die Augen sind geschlossen oder halb geöffnet auf den Boden gerichtet. Dann konzentriert man sich auf die Atmung, den Luftstrom, der in Bauch und Lungen hinein und wieder hinaus fließt. Man lässt die Gedanken in ihrem unaufhaltsamen Strom vorbeiziehen. Man betrachtet sie ohne zu urteilen, ohne sich an sie zu heften, ohne sie festhalten zu wollen, um sich stattdessen erneut auf den Atem und die körperlichen Empfindungen zu fokussieren. So gesehen orientiert sich die Praxis des Hier und Jetzt an der Vittoz-Methode, die ich als junger Mann ebenfalls erlernt habe und bei der es um eine Umerziehung zur Achtsamkeit durch sensorische Wahrnehmung geht. Um nicht ständig dem unaufhaltsamen Fluss unserer Gedanken und unserer Vorstellungskraft ausgeliefert zu sein, versuchen wir, uns auf Berührungen, Gerüche, Geräusche zu konzentrieren, damit wir sehen und spüren. Diese Achtsamkeit auf den Körper ermöglicht es dem Geist, zur Ruhe zu kommen.

DIE PRAXIS DER ACHTSAMKEIT MIT KINDERN

Erzieher, Eltern und Lehrer wissen gleichermaßen, dass es Kindern zunehmend schwerfällt, sich zu konzentrieren. Einigen Studien zufolge können sie sich kaum acht Sekunden konzentrieren. Die Meditation als Einübung von Achtsamkeit ist daher für sie äußerst nützlich. Seit etwa fünfzehn Jahren wurden dazu in vielen Kindergärten und Grundschulen Erfahrungen gesammelt. Die niederländische Erzieherin und Therapeutin Eline Snel hat sich in diesem Bereich besonders hervorgetan. Sie bringt seit mehr als zwanzig Jahren Kindern und Jugendlichen bei, wie man meditiert. Sie hat außerdem zahlreiche, auf das jeweilige Alter zugeschnittene praktische Ratgeber verfasst. In den Niederlanden bietet das Bildungsministerium allen Grundschullehrern eine kostenlose Ausbildung auf diesem Gebiet an. Der weltweite Erfolg ihres Buchs *Stillsitzen wie ein Frosch* hat dafür gesorgt, dass diese Praxis sehr populär geworden ist. Eline Snel engagiert sich nicht nur in den Niederlanden für diese Ausbildung, sondern auch in Frankreich, Belgien, Spanien und sogar in Hongkong. In ihrer Herangehensweise an das Hier und Jetzt empfiehlt sie den Kindern, ihre Hände auf den Bauch zu legen, um so ihre Atmung besser zu spüren – eine gute Idee, obwohl ich glaube, dass man jedes Kind selbst entscheiden lassen sollte, in welcher Position es sich am wohlsten fühlt.

Die Meditationspraxis an Schulen setzt sich in Frankreich langsam in Gestalt zahlreicher einzelner Initiativen durch, nicht zuletzt auch mithilfe von Vereinen, die für eine Vernetzung von Pädagogen und Erziehern sorgen.

WAS KINDER UND LEHRER DAZU SAGEN

Als ich mich dazu entschloss, die Philosophiekurse mit einer Achtsamkeitsübung zu eröffnen, begann ich in jeder Klasse damit, die Kinder zu fragen, ob sie wüssten, was Meditation sei. Mir war bewusst, dass es an der jeweiligen Schule bislang keine solche Praxis gegeben hatte. Durchschnittlich konnten zwei von fünf Kindern etwas mit dem Begriff anfangen. Manche hatten eine sehr konkrete Vorstellung, andere eine nur vage. Hier ein Eindruck:

MAËL (9 Jahre): Man macht das, um sich auszuruhen und an nichts zu denken.

CHARLIE (9 Jahre): Damit kann man seinen Geist sehen.

ROBIN (11 Jahre, hat bereits Erfahrungen mit seinem Vater gesammelt): Wenn man genervt ist, macht man sich frei und stellt den Gefühlszähler auf null.

CLARA (9 Jahre): Es ist etwas, das beruhigt, man sucht nach Gelassenheit.

OUALI (7 Jahre): Das ist, wenn man etwas macht, das entspannt.

MAROUA (8 Jahre): Das hilft dabei, im Zen zu sein.

PÉNIEL (9 Jahre): Dabei konzentriert man sich auf den Geist, man lässt sich nicht stören.

DONATELLA (10 Jahre): Lernen, sich besser zu konzentrieren.

MARIE (9 Jahre): Es bedeutet, Zeit zu haben, über etwas nachzudenken.

LOUISE (10 Jahre): Man muss atmen und an Sachen denken … also, man soll eigentlich an nichts denken!

MARIUS (9 Jahre): Es ist eine Art Medizin gegen Stress.

ENZO (10 Jahre): Du setzt dich hin, konzentrierst dich und meditierst.

TEXANE (9 Jahre): Wenn du meditierst, vergisst du alles.

NOÉMIE (10 Jahre): Das ist, wenn dein Körper schläft, du aber wach bist.

PÉNÉLOPE (9 Jahre): Dann kann man besser arbeiten.

EVA (10 Jahre): Man wird ruhiger und kann sich entspannen.

Bei den allermeisten Kindern, die eine ungefähre Vorstellung von Meditation haben, entspricht diese der verweltlichten Version von östlicher Meditation, bei der es darum geht, den »Geist freizumachen«, sodass wir uns erholen, konzentrieren und zu innerer Gelassenheit finden können. Nur zwei Kinder haben die westliche Lesart des »über etwas Nachdenkens« ins Spiel gebracht, wobei ein Mädchen sofort zu der Schlussfolgerung gelangte: »Eigentlich soll man an gar nichts denken!« Dies zeigt, dass die Kinder infolge ihrer familiären und kulturellen Prägung mit dem Begriff der Meditation vorrangig jene Praxis der Achtsamkeit verbinden, die zu innerer Ruhe führen soll.

Ich habe die Kinder vor jedem Kurs gebeten, sich gerade auf ihrem Stuhl hinzusetzen, die Füße auf den Boden zu stellen, ohne die Beine übereinanderzuschlagen, die Hände vor sich auf den Tisch oder die Knie zu legen, die Augen zu schließen, sich auf ihre Atmung zu konzentrieren und ihre Gedanken fließen zu lassen. Die ersten Übungen dauerten zwei bis drei Minuten. Ich konnte beobachten, dass die große Mehrheit der Kinder mitmachte und die Augen bis zuletzt geschlossen hielt, auch wenn fast immer Kinder dabei waren, die zappeliger waren und denen es schwerer fiel, bei der Übung mitzumachen. Aber auch diese Kinder schafften es mehrheitlich nach ein paar Sitzungen, sich fallenzulassen und bis zum Schluss still und konzentriert zu bleiben. So konnte ich die Dauer der Übung auf gute fünf Minuten ausdehnen. Dies fiel mir umso leichter, als mehrere Lehrer, die einigen Meditationsübungen beigewohnt hatten, beschlossen, selbst solche Übungen durchzuführen, auch wenn die Kinder nicht ausdrücklich danach gefragt hatten. So etwa auch Sophie Maire, die an der staatlichen Grundschule Jacques Prévert in Pézenas unterrichtet:

> Ich habe mehrere Male mit den Schülern Meditationsübungen gemacht, entweder zwischen den einzelnen schulischen Aktivitäten oder bevor wir mit einer Arbeit anfingen – immer dann, wenn sie mir zu unruhig oder zerstreut vorkamen. Diese Besinnung auf sich selbst hat ihnen geholfen, innerhalb weniger Minuten ihre Haltung zu ändern und ruhiger und konzentrierter zu sein. Wir haben die Gelegenheit dazu genutzt, über die Techniken zu sprechen, die jeder einzelne hatte, um zu innerer Ruhe zu finden. Dabei stellten wir fest, dass wir alle mal genervt und müde sind und dass es möglich ist, aus diesem Zustand herauszutreten, wenn wir uns dazu entschließen. Einige fanden diese Momente so großartig, dass sie zuhause mit der Meditation weitermachten.

Dies hat mich nachhaltig beeindruckt. Am Ende des Schuljahres fragte ich die Kinder in der letzten Philosophiestunde, ob sie auch zuhause meditierten. Zu meiner großen Überraschung bejahten dies in allen Klassen ungefähr zwei Drittel der Schüler. Als ich den Grund wissen wollte, gaben sie mir folgende Antworten:

VIOLETTE (9 Jahre): Es hilft mir, meine Wut zu kontrollieren, wenn ich gerade meine kleine Schwester ausschimpfen will. Ich sage mir dann immer: »Ich werde am besten meditieren und über das nachdenken, was ich gerade machen will, weil sie es vielleicht nicht versteht.«

CASTILLE (9 Jahre): Es hilft mir, alle Sachen zu vergessen, die mich nerven und stressen.

JEANNE (9 Jahre): Wenn wir zum Beispiel nach der Pause wieder im Klassenzimmer sind, ist man ein bisschen unruhig, und wenn man dann meditiert, hilft das, weil sich der Körper entspannt und außerdem verdaut man dadurch besser. Manchmal ist es auch gut, damit man an nichts denkt.

CLARISSE (10 Jahre): Mir hilft es, wenn ich wütend bin. Ich meditiere und danach bewege ich mich nicht mehr so hastig.

ÉDOUARD (9 Jahre): Mir hilft es beim Einschlafen, weil ich einschlafe, während ich meditiere.

HECTOR (9 Jahre): Manchmal, wenn ich etwas mache und gleichzeitig über etwas nachdenke, hilft es mir dabei, mich zu beruhigen und zu konzentrieren.

VICTORIA (10 Jahre): Ich kann mich dann besser konzentrieren. Wenn ich mich auf eine Aufgabe konzentrieren möchte, meditiere ich.

LUCILE (9 Jahre): Es hilft mir, mit meinen Gefühlen umzugehen. Es geht mir dann gut und ich bin ruhig.

ARTHUR (10 Jahre): Ich höre auf zu denken, konzentriere mich und versuche mich zu entspannen und kann so zu allem anderen ein bisschen Abstand gewinnen.

Natalie Casta, Lehrerin an der staatlichen Grundschule von Brando, einem kleinen Dorf im Norden Korsikas, beschreibt sehr treffend, welche Auswirkungen die Meditationsübungen auf die Kinder haben:

> Die Meditation gibt den Kindern ihre physische und seelische Ruhe zurück. Ich praktiziere die Meditation zu Beginn jeder Philosophiestunde und wenn ich den Eindruck habe, dass die Klasse unruhig, aufgeregt oder angespannt ist, zum Beispiel nach dem Essen oder im Anschluss an eine Pause. Das ist eine weitaus effizientere Methode, die Schüler zur Ruhe zu bringen, als ihnen Strafe anzudrohen, denn die Ruhe, die ich autoritär durchsetzen würde, wäre viel oberflächlicher. Wenn sich die Kinder auf ihren Körper und auf ihre Atmung konzentrieren, gelangen sie zu einer wirklichen inneren Ruhe – und die Kinder lieben diese Übung.

Die Praxis des Philosophierens

IN WELCHEM ALTER SOLLTE MAN MIT DEM PHILOSOPHIEREN BEGINNEN?

Ab welchem Alter kann man Philosophie praktizieren? Die Mehrheit der Philosophen und Philosophielehrer, denen ich diese Frage gestellt habe, ist der Ansicht, dass hierzu eine gewisse intellektuelle Reife erforderlich sei und man sich bestimmte Begriffe angeeignet haben müsse. Aristoteles war der Meinung, dass es schwer sei, Philosoph zu werden, bevor man nicht das fünfundvierzigste Lebensjahr erreicht habe. Letztlich hängt alles davon ab, was man unter einer »Praxis der Philosophie« versteht. Wenn es darum geht, eine begriffliche Reflexion anzustellen, die die Lektüre der großen Autoren voraussetzt, dann ist es freilich schwierig zu philosophieren, bevor man in der Lage ist, die zum Teil nicht eben leicht verständlichen Texte zu lesen. Das wiederum spräche für einen Philosophieunterricht in der Schlussphase der Schullaufbahn. Doch könnte man dieses Fach nicht ebenso sokratisch verstehen, das heißt, im Sinne einer anspruchsvollen Befragung, mit der man seinen Verstand schärft und seine Gedankengänge verfeinert? Dabei geht es weniger darum, sich Wissen anzueignen, als vielmehr darum, denken zu lernen. So gesehen gäbe es keinerlei Altersbeschränkung für das Philosophieren. Dieser Überzeugung ist auch Montaigne, der in Kapitel XXVI des ersten Buchs seiner Essays bemerkt, ein Kind könne bereits mit der Amme das Philosophieren erlernen, weitaus schneller jedenfalls als das Lesen oder Schreiben. Diese Ansicht teilt auch Epikur, der seinen Brief an Menoikeus mit den Worten beginnt: »Wer jung ist, soll nicht zögern zu philosophieren, und wer alt ist, soll nicht müde werden im Philosophieren. Denn für keinen ist es zu früh und für keinen zu spät, sich um die Gesundheit der Seele zu kümmern.« Es geht also nicht darum, dass der Lehrer versucht, den Kindern Wissen zu vermitteln, wie dies in höheren Klassen der Fall ist, sondern ihnen zu helfen, eigene Gedanken und einen kritischen Geist zu entwickeln und sich die Fähigkeit anzueignen, jenseits von Glauben und Meinung eigenständig zu denken. Da es sich um Gruppenkurse handelt, lernt das Kind darüber hinaus, den anderen zuzuhören, in einen Dialog zu treten und zu argumentieren.

Als ich anfing, Philosophiekurse für Kinder anzubieten, beschloss ich, bei Kindern im Vorschulalter zwischen vier und fünf Jahren anzufangen und bei Kindern der letzten Grundschulklassen im Alter von neun bis elf Jahren aufzuhören. Ich war völlig überrascht von dem Qualitätssprung, der sich in der Reflexionsfähigkeit der Kinder zwischen dem sechsten und siebten Lebensjahr vollzieht. Jean Piaget, der Schweizer Psychologe und Begründer der genetischen Epistemologie, der in der Zwischenkriegszeit zahlreiche Bücher über die Entwicklung der Denkfähigkeit von Kindern publiziert hat, bezeichnete diesen entscheidenden Abschnitt als das »Alter der Vernunft«. Und auch wenn Piagets Theorie, die einen linearen Fortschritt der kindlichen Intelligenz postuliert, der sich Schritt für

Schritt von der Geburt zum Erwachsenenalter vollzieht, in mancherlei Hinsicht kritikwürdig sein mag, kann ich nur bestätigen, dass es weitaus leichter ist, Philosophiekurse mit Kindern abzuhalten, die älter als sechs beziehungsweise sieben Jahre sind. Ich stellte fest, dass Kinder in diesem Alter eher in der Lage sind, ihre Empfindungen in Worte zu fassen und abstrakte Gedankengänge zu formulieren. Bei der Frage nach dem Glück etwa können Kinder im Vorschulalter spontan nur konkrete Beispiele dafür nennen, was sie glücklich macht: die Eltern zu lieben, mit Freunden zu spielen, ein Eis zu essen und so weiter. Ganz anders sieht dies bei den Kindern ab einem Alter von sechs oder sieben Jahren aus. Sie sind imstande, abstrakte Gedanken zu formulieren wie etwa: »Glück ist, wenn unsere Wünsche erfüllt werden.« Solche Gedanken eignen sich hervorragend, um eine tiefgreifende Diskussion über den unendlichen Charakter unseres Wünschens anzustellen – eines Wünschens, das uns am Ende sogar unglücklich machen kann (siehe dazu den Philosophiekurs über das Glück auf Seite 63).

Jüngste Studien über die Entwicklung des Gehirns zeigen, dass zwischen dem fünften und siebten Lebensjahr eine erhöhte Anzahl von Neuronen und neuronalen Verbindungen entsteht. Dies begünstigt die Entwicklung von Temporallappen und Frontlappen, die eine essentielle Bedeutung für die kognitiven Prozesse und die Regulierung von Emotionen haben. Aus diesem Grunde sind Kinder ab einem Alter von sechs, sieben Jahren besser in der Lage, ihre Gefühle zu kontrollieren und abstrakte Gedanken zu formulieren. Der Terminus »Alter der Vernunft« trifft hier also doppelt zu: Das Kind wird »vernünftiger« in seinem emotionalen Verhalten und zugleich reifer in seinem Denkvermögen.

Einige Erzieher, die zum Teil seit Jahren Philosophiekurse in Vorschulklassen durchführen, haben mir berichtet, dass auch Kinder zwischen vier und fünf Jahren gelegentlich zu tiefergehenden Gedankengängen fähig seien – und das lässt sich in der Tat nicht leugnen. Zum einen, weil Kinder zwischen drei und fünf Jahren eine wahrhaft metaphysische Phase durchlaufen, in der sie sich über Gott und die Welt, den Sinn des Lebens, den Tod und vieles andere Gedanken machen. Dieses Fragen, diese Verwunderung, führt allerdings noch nicht notwendigerweise dazu, dass sie ihre Gedanken klar formulieren und nach Antworten suchen. Außerdem ist bekannt, dass das emotionale und soziale Umfeld des Kindes die Entwicklung des Gehirns entweder fördert oder eben hemmt. Entsprechend findet man in jeder Klasse Schüler, die intellektuell reifer sind als andere. Es kann vorkommen, dass die Kleinen einen ganz außergewöhnlichen Satz sagen, der von einer Tiefe ist, die wir einem Seneca oder Konfuzius zuschreiben würden. Allerdings haben die Kinder Schwierigkeiten, ihren Gedanken näher zu erläutern oder in der nächsten Sitzung zu wiederholen. Die Schlussfolgerung, die ich aus meiner Erfahrung ziehe, ist, dass ältere Kinder im Allgemeinen eher in der Lage sind, ihre Gedanken zu begründen und auch später neu zu formulieren, oft sogar noch auszufeilen.

Heißt dies nun, dass wir darauf verzichten sollten, Philosophiekurse im Vorschulalter anzubieten? Keineswegs!

Man sollte nur nicht erwarten, dass die Kinder von der ersten Stunde an in der Lage sind, eine wirklich stichhaltige Argumentation zu entwickeln. Hier ist die Zeit ein wichtiger Trumpf.

Ein anderer Vorteil der Philosophiekurse im Grundschulalter liegt darin, dass die Kinder lernen, sich gegenseitig zuzuhören und ihre Ansichten auf konstruktive Weise auszutauschen. Als ich meinen ersten Kurs in der Schule La Découverte in Genf gab, stellte ich fest, dass die Vorschulkinder, die bereits Philosophieunterricht hatten, die Regeln inzwischen gut kannten: Jeder äußert frei seine Meinung, hört den anderen zu und teilt seine Zustimmung oder Ablehnung mit, wie dieser kleine Gedankenaustausch zu Beginn der Stunde zeigt:

FRÉDÉRIC: Habt ihr mit eurer Lehrerin schon ein bisschen philosophiert?

KINDER: Ja.

FRÉDÉRIC: Ihr wisst also, was Philosophie ist?

KINDER: Ja.

FRÉDÉRIC: Wer möchte mir erklären, was das ist?

WILFRED: Das ist, wenn man spricht.

LUCIE: Wenn man über ein Thema spricht.

EMMA: Wenn man diskutiert.

FRÉDÉRIC: Diskutiert man über alles?

EMMA: Über eine Sache.

FRÉDÉRIC: Philosophie bedeutet, dass man über eine Sache diskutiert, ja?

MEHRERE STIMMEN: Ja, über ein Thema, wenn man über Wut redet oder etwas anderes.

FRÉDÉRIC: Reden alle gleichzeitig?

KINDER: Nein, man hebt die Hand und dann sagt uns die Lehrerin, wer sprechen darf. Dann spricht man.

FRÉDÉRIC: Hört ihr zu, wenn die anderen etwas sagen?

KINDER: Ja. Ja, wir schauen sie dabei an.

EINE STIMME: Wenn man einverstanden ist, schaut man dem andern in die Augen.

FRÉDÉRIC: Und wenn man nicht einverstanden ist?

EINE STIMME: Dann schaut man ihn nicht an.

EINE ANDERE STIMME: Man schaut ihn nicht an.

FRÉDÉRIC: Ihr hört also zu, was die anderen zu sagen haben und je nachdem, was sie sagen, tauscht ihr eure Meinung aus?

KINDER: Jaaa.

FRÉDÉRIC: Oder denkt ihr alle das Gleiche?

EINE STIMME: Nein.

STIMMEN: Manchmal.

SAMI: Ja, manchmal.

PHILOSOPHIEREN MIT KINDERN: EINE KURZE BESTANDSAUFNAHME

Der erste Pädagoge, der in den siebziger Jahren eine Methode für das Philosophieren mit Kindern entwickelte, war der bereits erwähnte amerikanische Philosoph Matthew Lipman. Lipmans Grundidee bestand darin, eine »Gemeinschaft der Suche« zu schaffen, wobei eine Gruppe von Kindern, ausgehend von einem Text, der philosophische Fragen aufwarf, zum Nachdenken angeregt wurde. Er schrieb Dutzende von philosophischen Romanen, die als Grundlage für solche Diskussionen dienten. Die Kinder lesen Passagen aus einem für sie zugeschnittenen Text laut vor, sammeln die Fragen und diskutieren sie in Anwesenheit eines Lehrers, der dazu angehalten ist, ihnen bei der gemeinsamen Weiterentwicklung ihrer Gedanken behilflich zu sein, ohne sein eigenes Wissen vermitteln zu wollen. Die Arbeit des 2010 verstorbenen Lipman wird mit Hilfe des Institut pour l'avancement de la philosophie pour enfants (Institut zur Förderung der Philosophie mit Kindern, IAPC) fortgesetzt, unter anderem in Québec, wo sich kanadische Forscher an der Universität Laval für seine Methode einsetzen wie etwa Michel Sasseville, der sie an mehreren Schulen in der französischsprachigen Welt gelehrt und ausgearbeitet hat.

Seit etwa fünfzehn Jahren hat sich das Philosophieren mit Kindern auf sehr unterschiedliche Weise weiterentwickelt. Die meisten Pädagogen haben sich inzwischen von den Thesen Lipmans distanziert, obwohl viele von ihnen durchaus empfehlen, einen solchen Kurs ausgehend von der Lektüre eines Textes zu beginnen, etwa mit Jugendliteratur. Man verfolgt stattdessen die Methode der Philosophiekurse der Association des Groupes de Soutien au Soutien (Vereinigung der Selbsthilfegruppen, AGSAS), die im Jahr 1996 von dem Psychoanalytiker Jacques Lévine und der Lehrerin Agnès Pautard begründet wurde. Dort werden die Kinder über ein Schlüsselwort zu einem Thema geleitet, über das sie dann frei sprechen sollen, wobei sie einen »Redestab« herumgehen lassen und der Lehrer zuhört, ohne selbst etwas zu sagen. Michel Tozzi seinerseits hat 1998 an der Universität Montpellier ein Forschungszentrum zu diesem Thema eingerichtet. Die von Alain Delsol und Sylvain Connac entworfene Methode wurde von Jean-Charles Pettier am Institut Universitaire de Formation des Maîtres (Lehrerausbildungszentrum, IUFM) von Créteil weiterentwickelt, der im Magazin *Pomme d'Api* wichtige Texte für Philosophiekurse publiziert. Bei dieser sehr ausgefeilten Methode stehen zwei wesentliche Elemente im Vordergrund: Ein demokratisch gestalteter Diskussionsrahmen mit einer klaren Rollenverteilung unter den Schülern (der Sitzungsleiter, ein Teilnehmer, der die Argumente neu formuliert, ein anderer, der sie bündelt und strukturiert, darüber hinaus Diskutanten und Beobachter) und die zentrale Rolle des Lehrers, der durch gezielte Interventionen (Begriffsdefinitionen, begriffliche Abgrenzungen usw.) versucht, die Diskussion in der Gruppe zu beleben. Die Methode von Oscar Brenifier schließlich, die sich an der sokratischen Mäeutik orientiert und durch das Institut de Pratiques Philosophiques (Institut für Philosophische Praxis, IPP) und Isabelle Millon vertreten wird, zielt auf eine ganz allgemeine Verbreitung einer philosophischen Praxis im städtischen Leben (Schulen, Mediatheken, Gefängnisse und anderes mehr).

Diese Methoden verfolgen grundsätzlich das Ziel, dem Kind zu ermöglichen, seine eigenen Gedanken zu entwickeln und zu lernen, mit anderen zu diskutieren. Während einige, wie etwa die Verantwortlichen der AGSAS-Kurse, ihren Schwerpunkt auf den Nutzen für das Kind legen, das entdecken soll, dass es sich selbst an der Quelle seiner Gedanken befindet, zielt die Methode Tozzis eher auf eine demokratische Diskussion unter den Kindern ab. Die Rolle des Lehrers variiert von Methode zu Methode, ebenso wie die Flexibilität oder Starre des Rahmens oder auch der jeweilige Ausgangspunkt. Matthew Lipman bevorzugt seine eigenen Romane, Jacques Levine geht von einem Schlüsselwort aus, und Michel Tozzi benutzt gern platonische Mythen. Auch Edwige Chirouter arbeitet mit Texten. Die junge Hochschullehrerin an der Université de Nantes und promovierte Erziehungswissenschaftlerin praktiziert seit etwa fünfzehn Jahren Philosophiekurse im Sinne ihres Doktorvaters Michel Tozzi. Als Kennerin von Jean-Jacques Rousseau interessiert sie sich besonders für die Verbindung zwischen Philosophie und Literatur und wurde von der UNESCO beauftragt, einen Lehrstuhl für Philosophie speziell mit Blick auf Kinder einzurichten, dessen Aufgabe es ist, sämtliche Initiativen, die überall in der Welt ins Leben gerufen werden, zu koordinieren. Offiziell hat dieser Lehrstuhl am 18. November 2016 im Sitz der UNESCO in Paris seinen Betrieb aufgenommen. Was für eine großartige Sache!

DIE GRUNDREGELN UND ZEHN EMPFEHLUNGEN

Diese Vielfalt an Methoden ist gewiss sehr bereichernd, und es wäre ganz falsch zu behaupten, dass eine grundsätzlich besser sei als die andere. Als ich anfing, zusammen mit Kindern zu philosophieren, hatte ich noch nichts zu diesem Thema gelesen und daher einen ganz unbefangenen Blick. Da ich eher meiner Intuition und meinem Gefühl folgte und mich ganz von den Reaktionen der Kinder leiten ließ, tat ich das, was mir am natürlichsten erschien – und dies entsprach einer Art sokratischer Mäeutik. Ich stellte scheinbar naive Fragen, hörte zu, was die Kinder zu sagen hatten, und versuchte dann, genauere Angaben, Nuancen und Widersprüche in ihren Gedankengängen herauszuarbeiten. In den folgenden Kapiteln führe ich zehn solcher Beispielfragen etwa über Glück, Emotionen, den Sinn des Lebens, Respekt vor anderen und mehr auf. Zuvor möchte ich jedoch zehn Empfehlungen geben, die aus meiner Erfahrung bei der Arbeit mit Kindern in den Philosophiekursen erwachsen sind. Es sind Regeln für die Schüler, die auch für die Lehrer hilfreich sein werden.

EMPFEHLUNG:
Richten Sie einen Raum ein, der sich für eine Diskussion unter den Kindern eignet

Um den Dialog zwischen den Kindern zu erleichtern, ist eine kreisförmige Platzierung der Kinder zu empfehlen. Auf diese Weise können sie sich beim Sprechen ansehen. Diese Aufstellung hat den Vorteil, dass sich der Lehrer in den Kreis integrieren kann, das heißt auf Augenhöhe mit den Kindern ist und nicht wie sonst im Unterricht vor den Kindern steht, um von dort aus sein Wissen zu vermitteln. In einigen Klassen ist aufgrund der festen Verankerung der Bänke eine solche Platzierung leider nicht möglich. Der Lehrer muss in einem solchen Fall gut erklären, dass er während des Philosophiekurses aus seiner Rolle als wissensvermittelnder Lehrer heraustritt und die Kinder sich während des Debattierens ansehen sollen.

EMPFEHLUNG:
Fragen Sie die Kinder nach ihrer Meinung zur Philosophie

Man muss sich bewusst sein, was die Kinder im Kopf haben, wenn man von Philosophie spricht. Es ist wichtig, dass man ihnen schon in der ersten Stunde ganz einfach die Frage stellt: »Wisst ihr, was Philosophie ist? Wozu dient sie?« Hier ein paar Beispielantworten:

LOUIS (8 Jahre): Wenn man gern nachdenkt.

NINON (9 Jahre): Wenn man darüber nachdenkt, wie das Leben besser sein könnte.

GOCHA (8 Jahre): Wenn man lernt, besser zu leben.

LOUISE (9 Jahre): Damit bringt man sich zum Nachdenken.

ADAM (9 Jahre): Wenn man sich Gedanken darüber macht, wie man die Welt verbessern kann.

INDA (10 Jahre): Wenn man über den Sinn des Lebens nachdenkt.

ELIA (9 Jahre): Wenn mehrere Leute sagen, was sie denken, auch wenn sie alle das Gleiche denken, und alle hören zu.

JOCELYNE (10 Jahre): Wenn man seine Gedanken mit den Ideen der anderen vergleicht.

JULIEN (7 Jahre): Wenn man über Glück spricht.

ALICE (9 Jahre): Wenn man seine Meinungen austauscht, aber auch das Leben im Allgemeinen: Jeden Tag zu leben bedeutet Philosophie.

ADIL (9 Jahre): Wenn man sich über alles Fragen stellt.

EMPFEHLUNG:
Nennen Sie den Kindern die Kursregeln

Wenn Sie einen Philosophiekurs mit Kindern beginnen, ist es wichtig, ihnen vorab zu erklären, worum es geht und an welche Regeln sie sich halten müssen.

Wir sind hier nicht im Unterricht, wo der Lehrer etwas weiß und die Schüler etwas lernen. In diesem Kurs sollt ihr ganz frei eure Meinung äußern. Der Lehrer ist nicht dazu da, um euch zu beurteilen, euch zu benoten und euren Wissensstand zu prüfen. Er ist nur da, um euch zu begleiten und euch dabei zu helfen, eure Gedanken zu formulieren und mit den anderen ins Gespräch zu kommen.

Wenn eine Frage gestellt wurde, heben diejenigen, die antworten möchten, die Hand. Der Lehrer erteilt dann das Wort.

Wir versuchen möglichst zu vermeiden, dass das, was schon gesagt wurde, wiederholt wird. Wenn ein Baustein für das Gebäude der gemeinsamen Reflexion gelegt wurde, muss er nicht nochmals gelegt werden. Jede Meinungsäußerung sollte ein neuer Beitrag sein: eine Präzisierung, ein Widerspruch, ein anderer Gedanke.

Wir hören aufmerksam zu, was die anderen zu sagen haben und machen uns weder lustig noch urteilen wir.

Wenn wir mit der Idee eines anderen Kindes nicht einverstanden sind und dann selbst etwas äußern wollen, schauen wir das andere Kind an und sagen: »Ich bin nicht einverstanden mit dir, weil …«

Wir versuchen immer, unsere Meinung zu begründen. So vermeiden wir Antworten mit »Ja« und »Nein« sowie unbegründete Meinungen.

EMPFEHLUNG:
Wählen Sie einen Einstieg, der die Debatte fördert

Wie ich zuvor angemerkt habe, gibt es viele verschiedene Möglichkeiten für einen Einstieg. Man kann einen Text heranziehen, der von einem oder mehreren Schülern vorgelesen wird und der dabei helfen soll, eine philosophische Frage aufzuwerfen, über die dann diskutiert wird. Man kann ebenso gut ein Wort in den Raum stellen und dann schauen, welche Resonanz es bei den Kindern hat, Wörter wie *Liebe, Freiheit* oder *Gerechtigkeit.* Eine andere Möglichkeit wäre, sich ein Zitat vorzunehmen. Hier nenne ich zwei, anhand derer ich Philosophiekurse zu den Themen Glück und Liebe begonnen habe: »Ich habe das Glück an dem Geräusch erkannt, das es machte, als es verschwand« (Jacques Prévert) und »Je mehr man weiß, desto mehr liebt man« (Leonardo da Vinci). Anstelle eines Textes kann man aber auch ein Plakat, eine Zeichnung, einen Filmausschnitt benutzen, um eine philosophische Debatte anzuregen. Oder aber, und das mache ich meistens, man beginnt mit einer Frage: »Was ist ein gelungenes Leben?« oder »Ist Herrschaft gerecht?« oder »Was ist ein Freund?« und so weiter.

EMPFEHLUNG:
Versuchen Sie, so wenig wie möglich Ihre persönliche Meinung zu äußern, und tragen Sie stattdessen zu einer begrifflichen Klärung bei

Für einen Lehrer ist es nicht ganz einfach, neutral zu bleiben. Oft fragen ihn die Kinder sogar, wie er über dieses oder jenes denkt. Darauf einzugehen ist ebenso wenig ratsam wie ein Kind negativ zu beurteilen, wenn es sich geirrt hat. Wenn ein Kind eine Antwort gibt, die das Thema verfehlt – was sehr oft geschieht –, sollte man es freundlich wieder dorthin zurückführen. Ein einziges Mal habe ich einem kleinen Mädchen, das in seiner Antwort völlig am Sujet vorbeigedacht hatte, mit einer leicht ironischen Bemerkung geantwortet. Sie wurde sofort rot und fragte, ob sie das Klassenzimmer verlassen könne. Ich war darüber sehr betrübt und habe im Nachhinein lange mit ihr gesprochen und mich entschuldigt, weil sie das Gefühl hatte, ich hätte mich über sie lustig gemacht.

Ebenso wichtig ist es, dass der Lehrer nicht von Vornherein seine persönliche Meinung über das angesprochene Thema äußert. Er sollte vielmehr dazu beitragen, dass am Ende der Sitzung eine Klärung des Begriffs stattgefunden hat. In einem Kurs, der die Gefühle zum Gegenstand hat, ist es beispielsweise nützlich, wenn die Kinder herausfinden, dass es einen Unterschied zwischen einem kurz andauernden Gefühl (sich verlieben) und einem lang anhaltenden Gefühl (eine anhaltende Liebe) gibt, sodass sie üben, zwischen Emotion (kurz) und Gefühl (lang) zu unterscheiden. Dank dieser Klärungen lernen die Schüler, präzise Worte für die Vorstellung zu finden, die sie von einer Sache haben, jedoch aufgrund mangelnden Wissens oder sprachlicher Defizite nicht genau ausformulieren können. Manchmal ist es auch von Nutzen, einen kurzen Abriss der Philosophiegeschichte zu geben. Dies kann den Kindern dabei helfen, ihre Reflexion voranzubringen.

EMPFEHLUNG:

Stützen Sie sich auf die Antworten der Kinder, um eine Diskussion anzuregen oder neu zu beleben

Es liegt auf der Hand, dass sich der Lehrer Gedanken zu dem Thema gemacht hat, um in der Lage zu sein, eine Debatte anzuregen und zu beleben. Wenn es den Kindern schwerfällt, einen Zugang zu einer schwierigen Frage zu finden, hilft es, ein Zitat zum Thema bereitzuhalten oder die Frage anders zu formulieren. Meistens jedoch entwickelt sich die Debatte ganz natürlich auf der Grundlage der Antworten, die die Kinder geben. Die wichtigste Rolle des Lehrers besteht darin, die Diskussion zu fördern, besonders dann, wenn ein Kind eine auffallend sachdienliche Bemerkung macht oder eine sehr anfechtbare Meinung äußert, sodass sich eine fruchtbare Diskussion geradezu anbietet. So hat etwa ein Kind bei einem Kurs zum Thema »Was ist ein gelungenes Leben?« folgende Antwort gegeben: »Wenn man so lange wie möglich lebt.« Ich fragte die anderen: »Seid ihr einverstanden damit?« Zahlreiche Arme hoben sich, denn die meisten waren anderer Meinung. In einem anderen Kurs, in dem wir über das Glück diskutierten, meinte ein Schüler: »Glück heißt, wenn man viele Sachen hat.« Ich habe daraufhin eine Debatte zu dieser Frage angeregt, die äußerst lebhaft wurde.

EMPFEHLUNG:
Bringen Sie die Debatte wieder auf den Punkt, wenn sie droht, sich in Anekdoten zu verlieren

Eine Diskussion kann leicht ins Stocken geraten, wenn eine Anekdote erzählt wird, der die Kinder begeistert lauschen, weil sie alle das konkrete Beispiel hören wollen, so wie in einem Kurs, in dem es um Gefühle ging. Ein Kind berichtete von einer Situation, in der es Angst empfunden hatte, woraufhin alle anderen Kinder von ähnlichen Momenten erzählen wollten. Wir hätten die gesamte Sitzung damit zubringen können, aber ich zog es vor, auf die Ausgangsfrage zurückzukommen: »Können die Angst und die Traurigkeit und die Wut als negative Gefühle bezeichnet werden?«

EMPFEHLUNG:
Erteilen Sie auch Kindern das Wort, die nichts sagen

In jeder Klasse gibt es Kinder, die sich immer wieder zu Wort melden. Zum Glück ist das so, denn durch sie kann sich eine Diskussion überhaupt erst entfalten. Andere jedoch, die eher Angst haben, etwas zu sagen, oder die weniger akzentuierte Ansichten haben, fühlen sich dadurch möglicherweise gehemmt. Nach einer guten Viertelstunde ist es daher ratsam, auch die stillen Schüler aufzufordern, ihre Meinung zu äußern. So stellt man meist fest, dass auch die schüchterneren Kinder eigene Ansichten haben, die ebenso persönlich wie weise sein können.

EMPFEHLUNG:
Fassen Sie die Antworten zusammen und formulieren Sie das Ergebnis

Wenn eine Diskussion lebhaft war und sich in alle Richtungen verzweigt hat, ist es nützlich, dass der Lehrer von

Zeit zu Zeit zusammenfasst, was bislang gesagt wurde. Hat er das Wesentliche auf den Punkt gebracht hat, können die Kinder besser verinnerlichen, was bereits besprochen wurde, und eine konstruktive Debatte beginnen. Während des Kurses kann man auch einige Schlüsselwörter an die Tafel schreiben. Dieses Hilfsmittel trägt dazu bei, sich Dinge besser zu merken. So bat ich einmal ein Kind, das, was wir gemeinsam erarbeitet hatten, an die Tafel zu schreiben. Bei einer Diskussion zum Thema »Sinn des Lebens« konnten auf diese Weise die unterschiedlichen Antworten der Schüler notiert werden, bevor wir wieder in die Debatte einstiegen und sie vertieften. Folgende Antworten wurden dabei aufgeschrieben: »glücklich sein«, »anderen Gutes tun«, »tun, was man mag«, »lieben«, »gut handeln« und anderes.

EMPFEHLUNG:
Machen Sie sich schriftliche Notizen zu dem Kurs

Ich habe im Laufe der Zeit, in der ich Philosophiekurse gab, die Erfahrung gemacht, dass die meisten Kinder bestimmte, grundlegende Unterscheidungen, die sie während einer vorangegangenen Sitzung entwickelt hatten, in der darauffolgenden bereits wieder vergessen hatten. Und auch wenn ein Philosophiekurs ohne das schriftliche Festhalten dieser Ergebnisse schon sehr nützlich ist, wäre es doch schade, wenn sie das Denken und den Wortschatz der Kinder nicht dauerhaft bereichern können. Ich empfehle daher wärmstens, den Kindern ein kleines Büchlein mit einem Titel wie »Mein Philosophie-Heft« auszuteilen, in dem sie am Ende jeder Klasse in fünf Minuten die Gedanken, die ihnen aufgefallen sind, oder auch die Wörter, die sie gelernt haben, aufschreiben. Man kann sie außerdem dazu auffordern, all das, was ihnen außerhalb des Kurses selbst zu den behandelten Themen einfällt, ebenso festzuhalten.

EINIGE BEISPIELE

Manche Lehrer sprachen mit mir über die von ihnen geleiteten, regelmäßigen Philosophiekurse. Ich möchte hier beispielhaft nur den Eindruck von Catherine Houzel wiedergeben, die an der Privatschule Fénelon in Paris unterrichtet.

> Die Erfahrung mit den Schülern war einzigartig. Ich kann hier unmöglich all die schönen Momente aufführen, aber ich werde mir die Erinnerung an diese Kinder, die ich über einen ganzen Zeitraum begleitet habe, noch lange Zeit bewahren. Es mag zunächst mühsam erscheinen, die Kinder aufzufordern, sich ihrer Gefühle bewusst zu werden und eine kontinuierliche Diskussion über ein Thema zu führen, um diese Gefühle zu benennen und schließlich zu lernen, damit umzugehen. Dennoch folgten die Kinder der Einladung, was ich so nicht erwartet hatte. Der Kurs begann mit einer Frage, dann folgte der Gedankenaustausch. Die Kinder versetzten mich mit ihrer Fähigkeit zuzuhören und zu diskutieren, in Erstaunen. Die Wörter sprudelten nur so aus ihnen heraus, die Überlegungen bezogen sich aufeinander, ihre Standpunkte waren ganz unterschiedlich. Jeder hatte seine eigene Meinung und konnte diese zum Ausdruck bringen, ohne dass jemand urteilte. Die Debatte wurde geleitet und bei einer besonders sachdienlichen Wortmeldung, die die indivi-

duelle oder kollektive Reflexion voranbrachte, neu belebt.

Die Reife und Tiefe ihrer Reflexionen überraschten mich immer wieder. Die Kinder brachten Beispiele, die der Diskussion eine Richtung gaben. Sie formulierten ihre Gedanken, erklärten, argumentierten, reagierten, nahmen Fäden wieder auf, kamen voran. Die Debatten waren lebhaft, angeregt, interessant, zuweilen überraschend und immer bereichernd. Ich konnte förmlich beobachten, wie sich die Gedanken der Kinder entwickelten. Sie erlebten, dass man Philosophie gemeinsam betreibt. Man entwickelt zwar seine eigenen Gedanken, hört zugleich aber auf das, was die anderen sagen. Meine Schüler haben gelernt, zusammen zu reflektieren und hatten sehr viel Spaß dabei.

Ich habe auch festgestellt, dass sich die Kinder ganz anders verhielten als im alltäglichen Unterricht. Ein Schüler, der für gewöhnlich sehr zurückhaltend galt, taute während der Kurse plötzlich auf, ein anderer überraschte durch die Beachtung, die er auf einmal den anderen schenkte. Jeder nahm auf seine eigene Weise teil, wie es seiner Persönlichkeit entsprach. Im Laufe der Wochen haben die Kinder die Fähigkeit erworben, sich auszudrücken und die richtigen Worte für ihre Gefühle zu finden, sodass sie auch für die anderen verständlich waren.

Die Kinder haben oft mir und ihrer Familie gegenüber betont, wie schön dieses Erlebnis war, und es erfüllte sie mit Stolz, dass sie am Ende des Schuljahres »kleine Superphilosophen« genannt wurden. Ich habe gemerkt, wie enttäuscht sie waren, als sich der Kurs dem Ende zuneigte, und viele baten Frédéric Lenoir, im darauffolgenden Jahr wiederzukommen, um weiterzumachen.

Ich kann mich dieser Bitte nur anschließen und hoffe, dass wir diese Erfahrung mit diesen und anderen Schülern in Zukunft fortsetzen können.

Einige Wortmeldungen am Ende des letzten Kurses mit dieser Klasse in Paris habe ich festgehalten. Die Kinder sollten folgende Frage beantworten: »Was haben euch die Philosophiekurse gebracht?«

LANCELOT (10 Jahre): Wenn man den anderen zuhört, kann man dazu gebracht werden, eine Sache selbst auch anders zu sehen.

ARTHUR (10 Jahre): Das hilft dabei, unsere Reaktionen und unsere Emotionen ein bisschen besser zu verstehen und zu steuern.

GASPARD (9 Jahre): Das bringt Bildung, Wissen.

VIOLETTE (9 Jahre): Ich hatte mir nie all diese Fragen gestellt, über die wir geredet haben, und ich bin froh, dass wir darüber nachgedacht haben.

Schließlich möchte ich hier noch den Eindruck des Abgeordneten Alain Vogel-Singer wiedergeben, Bürgermeister der kleinen Stadt Pézenas in der Nähe von Montpellier. Darauf bedacht, Aktivitäten zur Förderung von Selbsterkenntnis und Gemeinschaftsleben zu initiieren, hatte mir Monsieur Vogel-Singer vorgeschlagen, Einführungskurse an der öffentlichen Schule Jacques Prévert zu halten. Er war bei den meisten Philosophiekursen, die ich in zwei Klassen dieser Schule abhielt, dabei.

Frédéric Lenoir war ein absoluter Gewinn für die Kinder von Pézenas, ihre Lehrer und die Abgeordneten der Stadt. Er brachte den Schülern bei, bewusst zu atmen, sich zu sammeln und zu erkennen.

Um frei zu sprechen, wurden ihnen ein paar Werkzeuge an die Hand gegeben. Sie traten aus den Imperativen »man muss« und »du musst« heraus und öffneten ihren Geist und ihr Herz.

Eine großartige Herausforderung, die unsere Lehrer in die Tat umsetzten und sich somit außerhalb des althergebrachten, abgeriegelten Rahmens des Lehrer-Schüler-Verhältnisses aufstellten.

Und was brachte das für eine Erleichterung! Die Kinder äußerten sich spontan, wobei zum Teil erstaunliche Weisheiten aus ihnen herauskamen. Sie interagierten, indem sie die Aussagen ihrer Kameraden kommentierten und ergänzten. Ihre Spontaneität, ihre Ehrlichkeit und ihr gegenseitiger Respekt waren äußerst anregend.

Ein sechsjähriges Mädchen beeindruckte mich vom ersten Moment an durch ihre aktive Teilnahme am Kurs. Auf die Frage, ob man auch in schwierigen Momenten Glück empfinden könne, antwortete sie ohne Umschweife: »Ja.« Nach der Sitzung sprach ich mit ihrer Lehrerin darüber, die mir sagte: »Sie hat akute Asthmaanfälle, und dabei lächelt sie.«

Bei den Größeren beklagte sich die Mutter einer Schülerin, die hospitiert hatte, zu Beginn der zweiten Sitzung darüber, dass sich ihre Tochter so selten zu Wort melde. Kaum war die Mutter weg, offenbarte sich das Mädchen als äußerst redegewandt und aktiv, als wäre sie plötzlich frei.

Frédéric, ein Katalysator des Ideenaustauschs, schwebt zwischen den erhobenen Händen der Schüler, die zu Wort kommen möchten. Bald schon konnten die Kinder es nicht erwarten, den Philosophen wiederzusehen und mit ihm zu meditieren.

In Pézenas machen wir damit weiter. Das nächste Schuljahr verspricht, sehr interessant zu werden!

Die Philosophiekurse

DIE ZEHN OBEN genannten Empfehlungen mögen etwas abstrakt wirken. Daher scheint es mir notwendig, einen Einblick in die Kurse selbst zu geben, um die Entwicklung einer Diskussion sowie die Schlüsselmomente wirklich verfolgen zu können und auch die Sackgassen zu erkennen, in die man zuweilen gerät. Ich habe mich entschieden, diese Auszüge thematisch zu ordnen, wobei jedes Thema einem oder mehreren Kursen zuzuordnen ist. So können sich die Lehrer von der Vorgehensweise oder auch den Fragen und Ideen inspirieren lassen, um selbst ähnliche Kurse zu diesen Begriffen durchzuführen.

Es handelt sich hier nicht um Rezepte oder Modelle, sondern um praktische Erfahrungen, die sich als nützlich erwiesen haben. Es ist eine Form des sprachlichen Austauschs, die sich jeder aneignen und je nach den gegebenen Bedingungen anwenden kann. Ich habe die zu lang geratenen Passagen, in denen die Kinder zahlreiche konkrete Beispiele anführen, etwas gekürzt, um den roten Faden nicht zu verlieren und den Rhythmus der Diskussion beizubehalten. Man wird feststellen, dass sie in jeder Klasse durch die Interventionen von zwei oder drei bestimmten Schülern voranschreitet, die aussagekräftige Antworten geben und hilfreiche Fragen stellen. Der Lehrer kann sich auf ihre Beiträge stützen, sollte aber von Zeit zu Zeit auch die anderen Schüler einbeziehen und sie nach ihrer Meinung fragen, um möglichst viele Schüler an der gemeinsamen Reflexion zu beteiligen.

Alle Philosophiekurse wurden aufgezeichnet, manche

sogar gefilmt. Ich habe die Gespräche wörtlich transkribiert und nur hin und wieder grammatikalisch korrigiert, wenn die Sätze sprachlich nicht stimmig waren. Ich bitte die Kinder immer, ihren Vornamen zu nennen, bevor sie etwas sagen. Es kommt gelegentlich vor, dass sie es vergessen oder der Name unverständlich ist. In einem solchen Fall schreibe ich stattdessen: »eine Stimme«.

Nachfolgend dokumentiere ich die Mitschriften von zwanzig Philosophiekursen, die allen Lehrern behilflich sein sollen, die selbst gern einen solchen Kurs leiten möchten. Es werden Zitate, Fragen, Definitionen, Buch- und Filmreferenzen angeboten, die sich mit zwanzig großen Begriffen befassen und sich für die Auseinandersetzung mit Kindern oder Jugendlichen eignen.

WAS IST GLÜCK?

In jeder der achtzehn Klassen, in denen ich einen Kurs geleitet habe – also von der Vorschule bis zum Ende der Grundschule, das heißt mit Kindern im Alter zwischen vier und elf Jahren – habe ich die Philosophiekurse mit der Frage nach dem Glück begonnen. Es ist ein universelles, leicht zugängliches Thema, zu dem die Kinder viel zu sagen haben. Bei dem Versuch, eine Definition für den Begriff Glück zu finden, überraschte mich, wie ähnlich sich die Antworten letztlich sind – egal, in welchem Land man ist, egal ob in der Großstadt oder einem kleinen Dorf. Und selbst wenn der Fokus nicht immer auf den gleichen Elementen liegt, sind sich die Kinder hinsichtlich der Grundideen doch einig: dem Notwendigen und dem Überflüssigen, dem Sein und dem Haben. Die Unterscheidung liegt zwischen den Begriffen Glück und Vergnügen, wie wir dies anhand der beiden an der Elfenbeinküste und in einer kleinen südfranzösischen Stadt geführten Kursen sehen werden.

Hier folgt der ausführliche Auszug aus einem Philosophiekurs, den ich an der Privatschule Les Sept Nains in Abidjan für Kinder zwischen acht und elf Jahren gegeben habe.

FRÉDÉRIC: Was bedeutet Glück für euch?
EINE STIMME: Glück bedeutet, wenn man sich freut. Wenn

man sich nie über andere aufregt. Wenn man seinen Nächsten liebt. Wenn man viele Dinge teilt.

MARIE: Das Glück ist eine Freude, die man mit jemandem teilt.

ALISSA: Wenn man sich nicht entmutigen lässt. Man ist glücklich, wenn man etwas bekommen hat, das man schon immer haben wollte.

DONATELLA: Für mich bedeutet Glück, wenn man immer lächeln kann. Wenn man auf die Menschen, die man liebt, nie böse ist.

SAPHIRA: Für mich bedeutet Glück, wenn man alles mit den anderen teilt.

EINE STIMME: Wenn man alle seine Wünsche umsetzt.

FRÉDÉRIC: Und glaubt ihr, dass es möglich ist, all seine Wünsche umzusetzen?

YENNI: Nein, es ist unmöglich, all seine Wünsche umzusetzen! Man kann im Leben nicht alles bekommen, was man haben möchte. Und dann ist es so: Wenn man etwas hat, will man gleich wieder etwas anderes, das heißt, man wird nie glücklich.

FRÉDÉRIC: Du hast etwas sehr Wichtiges gesagt, das schon die Denker aus der Antike wussten: dass man immer unzufrieden ist und sich mit dem, was man hat, zufrieden geben muss, um glücklich zu sein. Einer von ihnen hat gesagt: »Glücklich ist man dann, wenn man sich weiterhin wünscht, was man schon längst hat.« Seid ihr damit einverstanden?

Allgemeine Zustimmung.

YENNI: Für mich bedeutet Glück, wenn man im Leben erfolgreich ist.

FRÉDÉRIC: Was heißt das, ein erfolgreiches Leben zu führen?

YENNI: Seinen Abschluss zu machen und einen Beruf zu haben, den man mag.

FRÉDÉRIC: Seid ihr einverstanden?

Allgemeine Zustimmung.

FRÉDÉRIC: Möchtest du noch etwas hinzufügen?

YENNI: Um glücklich zu sein, sollte man ein einfaches Leben führen.

KERA: Ich bin einverstanden mit Yenni. Glück ist für mich, wenn man in einem einfachen Haus wohnt und wo die Eltern immer glücklich sind.

FRÉDÉRIC: Und Geld spielt keine Rolle?

EINE STIMME: Doch, Geld ist wichtig. Ohne Geld hätte man kein Haus, nichts zu essen, und man könnte nicht zur Schule gehen.

EINE STIMME: Ohne Geld könnte man die Miete für das Haus nicht bezahlen.

Spaß habe ich an etwas,
das ich gerne haben will.
Glücklich bin ich,
wenn ich mit anderen
eine Freude teile.

Marie (10 Jahre)

EINE STIMME: Man kann das Schulgeld für die Kinder nicht bezahlen.

MARIE: Ich glaube nicht, dass Geld so wichtig ist. Liebe ist wirklich wichtig im Leben.

PÉNIEL: Geld ist zwar nicht das Wichtigste, aber ohne Geld kann niemand ein erfolgreiches Leben führen.

ORIANNE: Ja, aber wenn du viel Geld hast, kannst du dir Sachen kaufen, die du vielleicht gar nicht brauchst und die dich auch nicht glücklich machen.

FRÉDÉRIC: Orianne hat gerade einen Unterschied gemacht zwischen dem, was notwendig und dem, was überflüssig ist. Ihr habt gesagt, notwendig ist ein Haus, etwas zu essen, Geld, um die Stromrechnung bezahlen und zur Schule gehen zu können. Und was ist überflüssig? Was ist überflüssig in eurem Leben?

PÈNIEL: Die Videospiele sind überflüssig.

KERAM: Handys.

YOANN: Ein Computer.

RIM: Ein Tablet.

SEAN: Ein iPhone.

CADDIE: DVDs.

AMANDA: Ein Nintendo-Spiel.

JOËL JUNIOR: Eine PlayStation.

MARIE: Ein Gemälde.

EINE STIMME: Inliner.

PÈNIEL: Eine Xbox.

EINE STIMME: Spielkonsolen.

SEAN: Ein Skateboard.

DONATELLA: Laptops.

PÉNIEL: Ein ferngesteuertes Auto.

MARIE: Der Fernseher.

FRÉDÉRIC: Ihr habt viele überflüssige Dinge gefunden.

Wärt ihr einverstanden damit, wenn ich sage, dass sie alle vielleicht nützlich und angenehm sind, aber nicht unbedingt notwendig, um glücklich zu sein, wie Orianne meinte?

EINE STIMME: Sie sind nicht unbedingt notwendig, aber es ist besser, sie zu haben, um glücklich zu sein.

Lachen.

PÉNIEL: Mit diesen Sachen kann man Spaß haben.

MARIE: Ja, aber all das bringt uns eben nur Spaß. Spaß habe ich an etwas, das ich gerne haben will. Glücklich bin ich, wenn ich mit anderen eine Freude teile.

FRÉDÉRIC: Was du sagst, ist sehr schön, Marie. Seid ihr damit einverstanden?

Allgemeine Zustimmung.

Den folgenden Philosophiekurs habe ich an der öffentlichen Grundschule Jacques Prévert in der Kleinstadt Pézenas in der Nähe von Montpellier gehalten.

FRÉDÉRIC: Was haltet ihr von dem Satz von Jacques Prévert: »Ich habe das Glück an dem Geräusch erkannt, das es machte, als es verschwand?«

YANIS: Mich erinnert er an die Zikade, wenn sie zirpt. Wir mögen sie. Und dann verschwindet sie.

TEXANE: Das heißt, das Glücksgefühl macht ein Geräusch, wenn es verschwindet …

FRÉDÉRIC: Was ist das für ein Geräusch?

EINE STIMME: Die Stille.

HÉLOÏSE: Das Geräusch von Schritten?

FRÉDÉRIC: Das Geräusch ist für den Dichter eine Metapher, die für etwas anderes steht. Was kann das Glück vertreiben?

YANIS: Das Unglück?

FRÉDÉRIC: Genau! Wenn das Unglück da ist, erkenne ich das Glück. Was heißt das?

ROBIN: Wenn das Unglück da ist, denkt er an das Glück zurück und daran, dass er nicht wusste, wie gut es vorher war.

YANIS: Es ist ein Mensch, der unglücklich wird und hinterher an das denkt, was vergangen ist.

BLAISE: Es ist so, als ob er zu sich selbst sagen würde, dass ihm etwas Gutes passiert ist und jetzt feststellt: »Oh, wie schrecklich, ich habe es nicht gemerkt!«

FRÉDÉRIC: Ganz genau. Was Prévert uns sagen möchte ist, dass man im Leben oft nicht merkt, dass man glücklich ist und alles hat, um es zu sein und das erst dann erkennt, wenn das Unglück da ist. Erst wenn man unglücklich ist, begreift man, was es bedeutet, glücklich zu sein. Seid ihr einverstanden?

Allgemeine Zustimmung.

FRÉDÉRIC: Du bist anderer Meinung?

EINE STIMME: Ich habe es nicht verstanden.

FRÉDÉRIC: Kann es jemand noch einmal erklären?

ROBIN: Wenn du zum Beispiel in den Urlaub fährst und dir gar nicht bewusst bist, dass du Glück hast, im Urlaub zu sein, aber hinterher, wenn du wieder zu Hause bist, merkst: »Es war irgendwie besser, im Urlaub zu sein!«

Lachen.

BLAISE: Oder wenn du total viele Freunde hast und das normal findest, und plötzlich hast du keine mehr.

FRÉDÉRIC: Und dann?

BLAISE: Wenn du sie verloren hast, merkst du, dass es gut war, Freunde zu haben.

ROBIN: Manchmal möchte ich etwas haben, aber wenn meine Mutter es mir dann kauft, sage ich mir: »Ich will doch etwas anderes.« Und dann denke ich, dass manche Leute nicht das Geld haben, um Geschenke zu kaufen und bin froh über das, was ich schon habe.

FRÉDÉRIC: Das ist auch eine interessante Idee, über die wir reden können. Kann man glücklich sein, wenn man immer irgendetwas haben will?

MEHRERE STIMMEN: Nein!

FRÉDÉRIC: Warum?

YANIS: Manchmal hat man so viele Sachen, dass man sich richtig langweilt. Das heißt, man kann nie glücklich sein.

CHLOÉ: Manchmal, wenn man etwas sieht, sagt man sich, das sieht schön aus, aber wenn man dann nachdenkt, erkennt man, dass man schon andere Sachen zu Hause hat, die einen glücklich machen.

EINE STIMME: Eine Mutter zum Beispiel würde ihren Sohn um nichts in der Welt eintauschen.

FRÉDÉRIC: Was willst du damit sagen?

DIESELBE STIMME: Dass man mit Geld nichts kaufen kann, was man liebt.

ENZO: Ja, das ist wahr. Das Glück ist wie Weihnachten. An Weihnachten sind nicht die Geschenke das Wichtigste, sondern dass man bei seiner Familie und dass man glücklich ist.

FRÉDÉRIC: Denkt ihr, dass die Liebe wichtiger ist als Geld und materielle Dinge?

Allgemeine Zustimmung.

FRÉDÉRIC: Ist jemand anderer Ansicht?

Allgemeine Ablehnung.

FRÉDÉRIC: Darüber seid ihr euch also einig. Ihr sagt, dass materielle Güter wichtig sind, aber allein nicht genügen. Ich habe euch aber gefragt: Kann man sich alle Wünsche erfüllen? Oder werden wir immer unzufrieden bleiben?

MEHDI: Wenn wir etwas haben wollen, sagen unsere Eltern oft nein, und das macht glücklich, denn sie sagen das nur zu unserem Besten.

ROBIN: Ich gehe gern in den Supermarkt, um zu schauen, was ich haben möchte, aber ich mag nicht, wenn ich sage »Das will ich haben« und meine Mutter es dann kauft. Ich warte lieber ein bisschen, bevor ich es bekomme. Denn wenn man immer sofort bekommt, was man haben will, ist man nie zufrieden.

FRÉDÉRIC: Eine andere Frage: Seht ihr einen Unterschied zwischen Glück und Spaß, und wenn ja, welchen?

Das Glück erlebt man,
Spaß fühlt man.
Marius (9 Jahre)

TEXANE: Für mich heißt Glück Solidarität, die Freunde, die Familie ... Und Spaß hat man zum Beispiel, wenn einem jemand etwas schenkt.

ESTEBAN: Glücklich bin ich, wenn mir meine Mama etwas kauft und Spaß habe ich, wenn ich damit spiele.

HELOÏSE: Glück dauert lange, Spaß nur einen Moment.

FRÉDÉRIC: Da sagst du etwas Wichtiges: Der Spaß dauert nur einen kurzen Augenblick, während Glück länger anhält. Seid ihr damit einverstanden?

Allgemeine Zustimmung.

FRÉDÉRIC: Die Philosophen der Antike wie zum Beispiel Epikur und Aristoteles haben den Begriff des Glücks von der Erfahrung des Spaßes abgeleitet und folgende Unterscheidung gemacht: Der Spaß ist ein unmittelbares Gefühl, das Glück hingegen ein Zustand, der anhält. Es gibt kein Glück ohne Spaß, sagen sie, aber um glücklich zu sein, reicht Spaß nicht aus. Warum, denkt ihr, ist das so?

ESTEBAN: Weil sich der Spaß erneuern muss. Und er ist immer an etwas von außen gebunden.

YANIS: Ich finde, Glück ist ein Gefühl und Spaß eine Empfindung.

BLAISE: Das finde ich auch. Der Spaß konzentriert sich eher auf eine Sache. Und Glück ist an mehrere Sachen geknüpft, die man mag.

FRÉDÉRIC: Was ihr sagt, ist interessant! Der Spaß ist eine Empfindung und auf eine einzige Sache bezogen, während das Glück ein Gefühl ist, das sich auf mehrere Dinge bezieht: Die Familie, das, was man tut, und so weiter. Seid ihr einverstanden?

Allgemeine Zustimmung.

TEXANE: Ich wollte noch sagen, dass das Glück sich deshalb vom Spaß unterscheidet, weil das Glück nicht verschwinden kann, der Spaß kann aber ganz schnell vorbei sein.

FRÉDÉRIC: Du denkst, das Glück kann nie weggehen?

TEXANE: Nein, denn Glück heißt, mit den Menschen zusammen zu sein, die man liebt …

FRÉDÉRIC: Wenn sie da sind, bist du also glücklich?

TEXANE: Ja.

WAS IST EINE EMOTION?

Dieser Philosophiekurs beschäftigt sich mit dem für Kinder sehr interessanten Thema der Emotionen. Studien zur Hirnforschung zeigen, dass man die emotionale Intelligenz, das heißt die Fähigkeit, seine eigenen Emotionen zu verstehen und zu beherrschen, schrittweise erwirbt. Es ist eine echte Kunst, richtig mit den eigenen Emotionen umzugehen. Daher ist es umso wichtiger für die Kinder, dass sie frühzeitig lernen, ihre Emotionen zu erkennen, zu benennen und zu kontrollieren. Ich habe dieses Thema in fast allen Schulen, in denen ich Philosophiekurse gehalten habe, angesprochen, und war jedes Mal überrascht, wie groß das Interesse der Kinder – egal welchen Alters – war, über ihre Emotionen zu sprechen und zu lernen, zwischen Gefühlen und Emotionen zu unterscheiden.

Ich habe diesen Kurs mit Kindern im Alter von sieben und acht Jahren in einer Grundschule in Brüssel-Molenbeek durchgeführt, wo ich schon mehrere Male zuvor gewesen war, und zwar kurz nach dem Anschlag vom 22. März 2016, der 32 Todesopfer und 340 Verletzte gefordert hatte. Dieses Attentat, das von Menschen verübt worden war, die wenige Schritte von dieser Schule entfernt wohnten, beherrschte die Gedanken der Menschen. Ich wollte das Thema dennoch nicht direkt ansprechen. Ich tat dies während der Diskussion über den Umweg der Emotionen, die die Kinder während dieser dramatischen Ereignisse empfunden haben.

FRÉDÉRIC: Wer weiß, was eine Emotion ist?

SOUMAYA: Man weint, man ist fröhlich, man ist traurig, man ist sauer, man ist wieder fröhlich ...

FRÉDÉRIC: Genau. Das sind Emotionen. Du hast von Traurigkeit, Freude, Wut gesprochen. Was gibt es noch?

SOUMAYA: Die Angst.

FRÉDÉRIC: Absolut. Das sind die wichtigsten Emotionen. Wir fangen mit der Angst an. Ist die Angst ein angenehmes Gefühl?

STIMMEN IM CHOR: Nein!

FRÉDÉRIC: Die Angst ist also kein angenehmes Gefühl. Aber kann man sagen, dass sie immer ein negatives Gefühl ist?

EINE STIMME: Nein.

FRÉDÉRIC: Warum ist sie nicht immer ein negatives Gefühl, wenn sie so unangenehm ist?

SOUMAYA: Weil man manchmal zuerst Angst hat, doch dann ist es lustig.

FRÉDÉRIC: Das stimmt. Aber wozu ist die Angst gut, abgesehen davon, dass wir manchmal Spaß daran haben, andere zu erschrecken?

REDA: Wenn zum Beispiel dein Bruder in Gefahr ist, du aber selbst nie Angst hast, rettest du ihn dann nicht.

FRÉDÉRIC: Es ist also nützlich, Angst zu haben, wenn Gefahr droht?

STIMMEN IM CHOR: Ja.

FRÉDÉRIC: Angst ist nicht zwingend negativ. Seid ihr einverstanden?

MEHRERE STIMMEN: Ja.

FRÉDÉRIC: Auch wenn sie sich unangenehm anfühlt, so ist die Angst als solche dennoch weder eine negative noch eine positive Emotion. Sie kann negativ sein, wenn sie uns lähmt, wenn man ihretwegen die Dinge, die man tun möchte, nicht mehr tun kann. Aber sie kann auch positiv sein, wenn sie uns vor einer Gefahr warnt.

STIMMEN: Ja.

FRÉDÉRIC: Jetzt werden wir über eine andere Emotion sprechen: die Wut. Ist die Wut eine negative oder eine positive Emotion?

LINA: Negativ.

FRÉDÉRIC: Warum?

LINA: Weil man, wenn man wütend ist, an nichts anderes denken kann.

MOHAMED AMINE: Ja, sie ist negativ.

FRÉDÉRIC: Warum?

MOHAMED AMINE: Weil sie nicht nützlich ist.

FRÉDÉRIC: Seid ihr alle einverstanden mit Mohamed Amine, dass es nie nützlich ist, wütend zu sein?

STIMMEN: Nein.

EVA: Weil man sich manchmal streitet, man ist wütend, dann verträgt man sich wieder und die Sache ist erledigt.

KEVIN: Wenn einer gemein ist und einen anderen schlägt, macht das wütend und dann kann man dem anderen helfen.

FRÉDÉRIC: Die Wut kann dazu führen, dass wir uns gegen

Ungerechtigkeit auflehnen. Seid ihr einverstanden damit?

STIMMEN: Ja.

FRÉDÉRIC: Ihr seht, dass die Wut sowohl eine negative als auch eine positive Seite haben kann – genau wie die Angst. Und was ist mit der Traurigkeit? Ist sie eine positive oder eine negative Emotion?

SOUMAYA: Die Traurigkeit ist negativ, denn als meine Großmutter gestorben ist, war ich traurig und konnte gar nicht aufhören zu weinen …

LINA: Ich glaube, sie kann manchmal auch positiv sein, denn manchmal, wenn ich weine, tut mir das gut.

FRÉDÉRIC: Tatsächlich stimmt beides. Jetzt möchte ich mit euch über die vierte Emotion, die ihr vorhin genannt habt, sprechen: die Freude. Ist die Freude immer positiv?

MEHRERE STIMMEN: Ja!

FRÉDÉRIC: Ich würde sagen, die Freude ist immer angenehm. Aber passiert es euch manchmal, dass ihr eine falsche Freude empfindet?

STIMMEN: Ja.

FRÉDÉRIC: Dann erzählt mir bitte davon. Wer hatte schon einmal eine falsche Freude?

NASSIM: Als wir mit dem Ball in den Park wollten und ich gerade rausging, sah ich, dass es regnete … Ich war also erst fröhlich und dann traurig.

ANDREI: Mein Cousin sagte, dass er zu uns kommen sollte, und da habe ich mich gefreut. Er kam, aber er dachte, wir wären nicht zu Hause, da ist er wieder gegangen und ich war traurig.

LINA: Einmal war ich mit Mama unterwegs und sie sagte mir, dass sie mir ein Eis kaufen wollte. Da habe ich mich sehr gefreut, aber dann ist meine Kugel Eis runtergefallen und ich war traurig.

FRÉDÉRIC: Ihr seht, die Freude ist ein sehr angenehmes Gefühl, aber manchmal ist die Freude falsch. Die Freude kann also dann negativ sein, wenn sie auf einer falschen Annahme beruht. Alle Emotionen, ob sie nun angenehm oder unangenehm sind, können also positiv oder negativ sein. Seid ihr damit einverstanden?

Allgemeine Zustimmung.

FRÉDÉRIC: Ich möchte mit euch über einen sehr einschneidenden Moment sprechen: nämlich über die Attentate, die hier in Brüssel stattgefunden haben und bei denen viele Menschen gestorben sind. Welche Emotionen habt ihr da gespürt?

EINE STIMME: Traurigkeit.

FRÉDÉRIC: Und warum warst du traurig?

DIESELBE STIMME: Weil es nicht nett ist, Menschen zu töten, die einem nichts getan haben.

VALJETA: Ich war traurig. Ich habe deshalb geweint.

MOHAMED AMINE: Ich hatte Angst. Weil es Angst macht zu sterben.

SOUMAYA: Ich war traurig und hatte Angst.

FRÉDÉRIC: Warum?

SOUMAYA: Ich hatte Angst zu sterben und war traurig, weil so viele Menschen gestorben sind, obwohl sie nichts getan haben.

AYMANE: Ich war auch traurig, aber auch froh.

Man kann ein starkes Gefühl
wie die Wut in den Griff bekommen,
wenn man überlegt, warum man wütend ist.
Das Nachdenken hilft uns,
unsere Emotionen zu steuern.

Léa (9 Jahre)

FRÉDÉRIC: Warum warst du froh?

AYAME: Weil die Terroristen gefasst wurden und dann gestorben sind.

MANAL: Ich war auch traurig und froh gleichzeitig.

FRÉDÉRIC: Warum?

MANAL: Ich war traurig, weil ich im Fernsehen gesehen habe, dass es eine Explosion gegeben hat und viele Menschen verletzt wurden. Aber ich war froh, dass man die Terroristen hinterher gefangen und getötet hat.

NASSIM: Ich bin traurig, weil auch Kinder gestorben sind.

ANDREI: Traurig und wütend.

FRÉDÉRIC: Warum?

ANDREI: Ich bin traurig, weil Leute gestorben sind und wütend, weil es mich stört, dass Leute umgebracht werden, die nichts getan haben.

MOHAMED AMINE: Ich bin wütend, weil Menschen getötet wurden, die nichts getan haben und die gute Sachen im Leben gemacht haben.

ÉDOUARD: Ich hatte vor allem Angst um meine Mama, weil sie in der Metro war und die Explosion genau auf der anderen Seite des Bahnsteigs losging.

MANAL: Ich war traurig, aber ich hatte auch große Angst,

weil meine Mama auch in der Metro war und ich hatte Angst, dass sie noch da unten war, als die Bombe explodierte.

SOUMAYA: Ich hatte Angst um meinen Bruder, weil er mit der Metro fahren wollte und ein paar Freunde von ihm getötet wurden.

FRÉDÉRIC: Und was denkt ihr über die Terroristen, die beschlossen haben, Bomben zu legen und Menschen zu töten? Warum haben sie das getan?

NASSIM: Die Terroristen sind verrückt.

SOUMAYA: Ich denke auch, sie sind verrückt.

MOHAMED AMINE: Ich würde auch sagen, dass sie verrückt sind.

KEVIN: Das sind Idioten.

ÉDOUARD: Sie sind dumm und verrückt.

SALWA: Sie sind verrückt.

CANDY: Ich glaube, sie sind krank.

KEVIN: Sie sind bekloppt.

YOUSSEF: Das sind Dummköpfe.

MOHAMED AMINE: Die sind total irre.

MANAL: Ich finde, sie sind total verrückt, weil sie Leute töten, die nichts gemacht haben.

AYMANE: Sie sind total verrückt, weil sie erst andere Leute umbringen und danach sich selbst.

FRÉDÉRIC: Ja, und warum töten sie sich selbst?

AYMANE: Weil sie denken, dass sie dann ins Paradies kommen.

FRÉDÉRIC: Glaubt ihr, dass sie ins Paradies kommen?

ALLE SCHREIEN AUF: Nein!

FRÉDÉRIC: Da seid ihr euch alle einig. Gibt es jemanden,

der glaubt, dass sie ins Paradies kommen? Und wenn nicht, warum kommen sie nicht ins Paradies eurer Meinung nach?

MOHAMED AMINE: Weil sie Menschen töten, die nichts gemacht haben.

ANDREI: Weil Gott alle Menschen liebt, die Gutes getan haben, aber nicht die Bösen.

AYMANE: Sie kommen direkt in die Hölle, ohne vorher mit Gott zu reden.

SOUMAYA: Gott hat nie darum gebeten, dass Menschen getötet werden, also kommen sie in die Hölle.

CANDY: Gott hat ihnen nicht gesagt, dass sie die Menschen umbringen sollen.

EVA: Sie kommen nicht ins Paradies, weil Gott nur die ins Paradies lässt, die nett sind und die waren nicht nett.

Ich würde dieses Thema gern mit dem Auszug aus einem Kurs vervollständigen, den ich mit etwas älteren Schülern an der Fénelon-Schule in Paris durchgeführt habe. Dabei kamen auch andere Fragen zur Sprache: Wie reguliert man seine Emotionen? Welchen Unterschied gibt es zwischen Emotion und Gefühl? Welche Verbindung besteht zwischen Emotion und Glück?

FRÉDÉRIC: Das letzte Mal haben wir über das Glück gesprochen. Heute soll es um die Emotionen gehen. Was ist das, eine Emotion?

JEANNE: Das sind Freude, Traurigkeit, Angst und Wut …

LÉA: Das ist wie eine Stimmung, sie hält nicht lange an.

FRÉDÉRIC: Ja, es ist eine Stimmung, die man eine begrenzte Zeitlang spürt. Kann man entscheiden, ob man eine Emotion hat oder nicht?

PRISCA: Nein, man hat keine Wahl, aber irgendwann schafft man es, sie zu beherrschen.

JEANNE: Wenn man zum Beispiel wütend wird, aber die Wut hält nicht lange an.

LUCILLE: Ja, manchmal ist man auf jemanden wütend, aber fünf Minuten später merkt man, dass man sich umsonst aufgeregt hat, und schon kann man sich wieder entschuldigen.

FRÉDÉRIC: Wodurch gelingt es uns, eine Emotion zu beherrschen, so wie die Wut, von der du sprichst?

LUCILLE: Dadurch, dass man nachdenkt natürlich.

EINE STIMME: Ja, wir denken nach und dann beruhigen wir uns.

FRÉDÉRIC: Es ist also die Vernunft, das Denken, das uns dabei hilft, unsere Emotionen zu kontrollieren?

Allgemeine Zustimmung.

HECTOR: Wenn man Angst hat, kann man auch einen Erwachsenen darum bitten, einen zu beruhigen.

FRÉDÉRIC: Ganz genau. Er wird dir die Gründe nennen, warum du keine Angst zu haben brauchst. Wir haben gesagt, dass Emotionen nicht von langer Dauer sind. Können Emotionen manchmal auch länger anhalten?

EINE STIMME: Ja.

FRÉDÉRIC: Und wie nennt man eine Emotion, die länger andauert wie zum Beispiel die Liebe?

EINE STIMME: Ein Gefühl.

FRÉDÉRIC: Bravo! Wenn ihr längere Zeit traurig seid, sagt

ihr: »Ich fühle mich traurig.« Wenn ihr längere Zeit fröhlich seid, seid ihr fröhlich. Wenn ihr über längere Zeit liebt, habt ihr ein Gefühl der Liebe in euch. Es ist also nicht nur eine vorübergehende Emotion. Seid ihr damit einverstanden?

Allgemeine Zustimmung.

> *Meistens kontrollieren die Emotionen uns und nicht wir die Emotionen.*
>
> *Christophe (10 Jahre)*

LÉA: Und wenn die Freude länger anhält, ist es dann Glück?

FRÉDÉRIC: Ja, da hast du recht. Es gibt einen Philosophen namens Spinoza, der sagt, dass man die Glückseligkeit, also das vollkommene und dauerhafte Glück, dann erreicht hat, wenn man dauerhaft von einem Gefühl der Freude erfüllt ist. Man kann aber auch glücklich sein, ohne ständig fröhlich zu sein.

ARTHUR: Ja, weil die Freude etwas ist, das man in seinem Inneren spürt, während das Glück etwas Größeres ist, das von Dingen kommt, die wir erleben.

FRÉDÉRIC: Arthur sagt etwas sehr Wichtiges. Glück ist ein allgemeiner Zustand der Harmonie und der Heiterkeit, weil man das Leben liebt, das man führt. Die Freude hingegen ist konkreter, denn sie ist eine Emotion. Es gibt natürlich auch ein Gefühl der Freude, das fast immer anhält und eine Art intensives Glück ist. Ein sehr starkes Glück, weil es vom Gefühl der Freude kommt.

VIOLETTE: Kann ein Gefühl mehrere Tage anhalten?

FRÉDÉRIC: Es kann sogar ein ganzes Leben lang anhalten. Deine Eltern zum Beispiel kannst du dein ganzes Leben lang lieben.

VIOLETTE: Ja, aber was ist mit der Wut? Kann Wut auch ein ganzes Leben lang anhalten?

FRÉDÉRIC: Ja, es gibt Menschen, die ihr ganzes Leben lang wütend, traurig oder ängstlich sind.

EINE STIMME: Warum?

FRÉDÉRIC: Das kommt meistens aus ihrer Kindheit. Sie hatten problematische oder schmerzvolle Beziehungen zu ihren Eltern und haben das nicht aufgearbeitet, durch eine Psychotherapie zum Beispiel. Deshalb kommt es vor, dass sie sehr lange ein Gefühl von Wut, von Angst oder Traurigkeit in sich haben.

VIOLETTE: Kann es passieren, dass jemand von Geburt an unglücklich ist?

FRÉDÉRIC: Was denkt ihr darüber? Ist es möglich, dass ein Mensch niemals in seinem Leben glücklich ist?

EINE STIMME: Ja.

EINE ANDERE STIMME: Nein.

JEANNE: Wenn eine Frau ein Baby bekommt, ist sie zumindest einmal in ihrem Leben glücklich.

LANCELOT: Wenn ein Mensch sehr lange lebt, achtzig Jahre zum Beispiel, ist es sehr unwahrscheinlich, dass es keinen einzigen Moment gegeben hat, in dem er glücklich war.

FRÉDÉRIC: Ja, es gibt immer Momente von Glück und Unglück im Leben. Sie sind nur von Mensch zu Mensch unterschiedlich lang. Es gibt Menschen, die länger glücklich sind, und andere, die länger unglücklich sind.

WAS IST LIEBE?

Die Liebe ist ein Thema, das die Kinder in Vor- und Grundschule gleichermaßen begeistert und zu dem sie bereits eine erstaunlich reife Haltung entwickelt haben. Auch wenn sie noch keinerlei sexuelle Erfahrung haben, sprechen sie sehr gern über die Leidenschaft der Liebe, über ihre Kraft und die mit ihr verbundenen Komplikationen, aber auch über Familie, Freundschaft, Mitgefühl oder auch die Liebe zur Natur. Die philosophische Reflexion ermöglicht es den Kindern, die Verschiedenheit ihrer emotionalen Erfahrungen zu benennen und die Komplexität dieser Erfahrungen zu erkennen, sodass sie zu mehr Klarheit über sich selbst und über andere gelangen können. Ich habe mich schwergetan, einen Kurs auszuwählen, weil sie allesamt überaus interessant waren.

Nachfolgend gebe ich hier nahezu vollständig einen Philosophiekurs wieder, den ich in einer Grundschule im Dorf Brando im Norden Korsikas durchgeführt habe.

FRÉDÉRIC: Was ist Liebe?
GENNA: Das ist ein Gefühl.
FRÉDÉRIC: Weshalb?
GENNA: Es ist ein Gefühl, weil es etwas ist, das man fühlt.
ANAÏS: Liebe ist, wenn man jemanden liebt. Man fängt an, ihn gern zu haben, man ist oft zusammen und dann heiratet man plötzlich und ist für immer zusammen.

CHRISTOPHE: Es ist das, was wir für unsere Mutter und unseren Vater empfinden.

GENNA: Es gibt auch Freundschaft!

FRÉDÉRIC: Was ist Freundschaft?

GENNA: Das ist auch Liebe, aber man ist nicht verliebt.

SARAH: Wenn man sich gut versteht.

ELIA: Liebe und Freundschaft ist, wenn man das ganze Leben zusammen sein möchte.

RUBEN: Ja, aber manchmal bekämpfen sich die Erwachsenen auch, nicht wie in einer Schlägerei, aber mit Worten.

FRÉDÉRIC: Und warum bekämpfen sie sich?

RUBEN: Weil sie genervt sind.

FRÉDÉRIC: Heißt das, sie lieben sich nicht mehr, wenn sie sich streiten?

RUBEN: Nein, sie lieben sich trotzdem.

ANTOINE: Ja, aber manchmal geht die Liebe kaputt und dann trennen sie sich …

EINE STIMME: Man kann sich scheiden lassen, wenn man verheiratet ist.

GENNA: Aber manchmal liebt man sich immer mehr, je besser man sich kennt, weil man die unwichtigen äußeren Sachen nicht mehr so wichtig nimmt wie das Aussehen und das alles zum Beispiel.

FRÉDÉRIC: Es gab einen großen Künstler, der Leonardo da Vinci hieß, und der sagte das Gleiche wie du: »Je besser man etwas kennt, desto mehr liebt man es.« Das heißt, man überwindet den äußeren Schein, und je mehr man einen Menschen kennt, desto mehr kann man ihn für das lieben, was er wirklich ist. Ist es das, was du denkst?

GENNA: Ja.

JULIE: Das ist wahr. Wenn man jemanden liebt, der eigentlich nicht sehr schön aussieht, ist es am Ende nicht das Äußere, auf das es ankommt, sondern sein Inneres. Ob ein Mensch nett ist, dumm, ehrlich oder eben nicht. Es kann zum Beispiel sein, dass ein Mensch nicht so hübsch ist, aber dafür sehr freundlich, und ein anderer, der sehr schön ist, ist ganz unfreundlich …

ELIA: Manchmal gibt es Leute, die so tun, als wären sie in jemanden verliebt. Und wenn einer sehr verliebt in jemanden ist, der so tut, als wäre er es auch, dann tut das nachher weh.

JULIE: Ich bin einverstanden mit Elia, weil man nicht das Recht hat, mit den Gefühlen von anderen zu spielen. Das ist nicht gut und es tut dem anderen weh, wenn er erfährt, dass es nicht echt war.

FRÉDÉRIC: Gibt es Menschen, die so etwas tun?

JULIE: Manchmal, wenn ein Mädchen hübsch ist, passiert es, dass ein Junge mit ihren Gefühlen spielt, obwohl er sie eigentlich nicht liebt. Er ist mit ihr nur zusammen, weil sie hübsch ist.

MATTHIAS: Aber Liebe ist nicht nur, wenn man verliebt ist. Es gibt noch die Liebe unserer Mutter zum Beispiel.

FRÉDÉRIC: Das hat auch Christophe vorhin gesagt. Ihr seht also, es gibt die Liebe der Eltern zu ihren Kindern und der Kinder zu ihren Eltern, das ist auch Liebe. Es gibt die Freundschaft, die ebenfalls eine Art von Liebe ist. Und es gibt die Liebe zwischen Verliebten. Ihr habt die drei Arten der Liebe definiert.

Wenn wir jemanden sehen,
der uns gefällt,
macht es Piep-Piep
in unserem Herzen!

Christophe (10 Jahre)

ELIA: Es gibt aber nicht nur die Liebe zu den Eltern, es gibt auch die Liebe für die ganze Familie, für die Geschwister, die Onkel, die Tanten und die Großeltern.

FRÉDÉRIC: Ganz genau.

JULIE: Manchmal empfindet man auch etwas für Tiere.

GENNA: Kann man auch die Natur lieben?

FRÉDÉRIC: Was empfindest du, wenn du in der Natur bist?

GENNA: Ich bin irgendwie aufgeregt, weil ich sie schön finde. Aber wenn ich einen gefällten Baum sehe oder Müll, der in der Natur herumliegt, bin ich ein bisschen traurig.

MARINA: Wenn man in der Natur ist, fühlt man sich frei. Sie hilft uns. Denn man ist an einem Ort, den man liebt, und wenn man ein Problem hat, hilft sie uns, es zu lösen.

ELIA: Bei mir ist es wie bei Genna: Wenn wir früher losgegangen sind, um Bäume zu fällen, wollte ich nie mit, weil es mir wehtat, denn ein Baum ist etwas Lebendiges. Es ist, als würde man ein Leben auslöschen.

ANTOINE: Ich bin der gleichen Meinung wie Elia: Man sollte Bäume nicht fällen, denn die Bäume helfen uns zu leben. Es ist wie ein Austausch zwischen uns und der Natur.

SARAH: Ich denke ein bisschen so wie Elia, aber in Bezug auf die Tiere. Meine Eltern gehen gerne angeln, aber ich gehe nicht gerne mit, weil ich es nicht mag, wenn die Fische sterben. Das tut mir weh.

ANAÏS: Wenn ich ein Tier auf meinem Teller sehe, sage ich: »Nein, danke«. Ich möchte keine Tiere essen, weil es mir weh tut.

FRÉDÉRIC: Bist du Vegetarierin? Du isst niemals Fleisch?

ANAÏS: Doch, manchmal schon. Aber nicht immer, denn es tut mir weh.

MATTHIAS: Kann man auch Gegenstände lieben?

FRÉDÉRIC: Nenne mir ein Beispiel.

MATTHIAS: Ich mag Autos.

FRÉDÉRIC: Ist das ein Gefühl?

MATTHIAS: Ich weiß es nicht.

ANTOINE: Ja, zum Beispiel, wenn man etwas von Lego aufgebaut hat und jemand kommt und es kaputtmacht, merkst du, dass du es gernhattest, denn es tut dir weh.

FRÉDÉRIC: Du meinst also, man hängt an seinem Spielzeug?

ANTOINE: Ja.

CHRISTOPHE: Als ich ganz klein war, hatte ich ein Kuscheltier. Ich habe es aufgehoben. Einmal habe ich meine Mutter geärgert, und da hat sie es in den Müll geschmissen. Und dann war ich traurig.

JULIE: Man kann auch Bücher lieben. Jungs lieben Fußball, und Mädchen tanzen gern.

FRÉDÉRIC: Ihr habt schon viele verschiedene Formen der Liebe aufgezählt: die Liebe zwischen Verliebten, die freundschaftliche Liebe, die Liebe zur Familie, die Liebe zur Natur und zu den Tieren, die Liebe zu Gegenständen, die Liebe zu Büchern oder sportlichen und kulturellen Aktivitäten.

GENNA: Manchmal gibt es Menschen, die man nicht mag oder die man nicht kennt, aber wenn ihnen etwas Schlimmes passiert wie eine Krankheit oder ein terroristisches Attentat, ist man trotzdem traurig. Ist das auch eine Form der Liebe?

FRÉDÉRIC: Wie würdest du diese Liebe nennen?

GENNA: Ich weiß nicht.

LILIA: Verbundenheit.

FRÉDÉRIC: Verbundenheit gibt es eher dann, wenn eine persönliche Beziehung zwischen zwei Menschen besteht. Hier aber geht es um jemanden, den wir nicht kennen, dem etwas passiert und für den wir etwas empfinden.

ELIA: Zuneigung.

FRÉDÉRIC: Zuneigung empfindet man auch eher in persönlichen Beziehungen. Das, wovon Genna spricht, nennen wir Mitgefühl. Kennt ihr dieses Wort?

STIMMEN: Nein.

FRÉDÉRIC: Mitgefühl sagt man, wenn man traurig ist, weil anderen Menschen, die man nicht unbedingt kennt, etwas sehr Schmerzvolles passiert. Man kann Mitgefühl für Menschen empfinden, die in Afrika vor Hunger sterben, oder für die Obdachlosen auf der Straße. Man kann auch Mitgefühl für die Tiere empfinden, die in den Schlachthäusern leiden. Wir kennen sie nicht, sie sind nicht unsere Freunde, aber wir empfinden eine Art Liebe für sie, ihr Leiden berührt uns.

JULIE: Am Anfang des Schuljahres, als Matthias zu uns kam, wollte keiner mit ihm spielen. Und manchmal langweilte ich mich und ich wollte ihn erschrecken. Aber dann tat er sich einmal weh und ich fühlte mit ihm, also gab ich ihm etwas Wasser und habe gelächelt.

CHRISTOPHE: Ich habe schon einmal Mitgefühl für jemanden empfunden: einen Lehrer, den wir nicht wirklich kennen. Eines Tages wurde seine Mutter schwer krank und ich hatte Mitgefühl. Das ist auch Liebe, aber es ist nicht dasselbe wie die Liebe zwischen Verliebten.

Die Liebe ist zugleich ein Gefühl
und eine Emotion. Sie ist ein Gefühl,
weil sie ein ganzes Leben lang
andauern kann,
wie zu den Eltern.
Aber sie ist auch eine Emotion,
weil man, wenn man jung ist,
manchmal verliebt ist,
aber das dauert nicht lange.

Camille (8 Jahre)

FRÉDÉRIC: Wo ist der Unterschied?

CHRISTOPHE: Wenn wir jemanden sehen, der uns gefällt, macht es Piep-Piep in unserem Herzen.

Lachen.

EINE STIMME: Das stimmt. Wenn man jemanden liebt, schlägt das Herz schnell.

FRÉDÉRIC: Hat man nur Herzklopfen, wenn man verliebt ist?

FRANCESCA: Die Leute aus der eigenen Familie hat man schon oft gesehen, man kennt sie also gut und man hat kein Herzklopfen, wenn man sie wiedersieht.

GENNA: Manchmal hat man auch Herzklopfen wegen der Familie, zum Beispiel, wenn man eine Mama ist. Wenn der eigene Sohn ausgegangen ist und nicht wiederkommt, hat man Herzklopfen, weil man ihn liebt und Angst um ihn hat.

BLANDINE: Wenn ein Kind auf die Welt kommt, ist man bewegt und hat Herzklopfen.

JORDAN: Manchmal fahre ich am Wochenende zu meiner Mama. Wenn ich ankomme, gebe ich ihr zur Begrüßung ein paar Küsschen und sage ihr, dass ich sie lieb habe, und wenn sie mir nicht sagt, dass sie mich auch lieb hat, ist es so, als würde sie mich in den Mülleimer schmeißen.

FRÉDÉRIC: Ist das schon mal passiert?

JORDAN: Nein, aber ich wäre schrecklich traurig, wenn es irgendwann passiert.

MATTHIAS: Ich kuschele ganz, ganz, ganz, ganz oft mit meiner Mama … Ich kuschele und küsse den ganzen Tag mit meiner Mama, jede Minute, deshalb fühle ich mich nicht weggestoßen.

FRÉDÉRIC: Kommen wir noch einmal auf die Liebe zwischen Verliebten zurück: Was bedeutet es, verliebt zu sein?

GENNA: Verliebt sein heißt, wie Christophe gesagt hat,

wenn man jemanden sieht und schon weiß, dass man in ihn verliebt ist.

FRÉDÉRIC: Von Anfang an?

GENNA: Nicht unbedingt. Manchmal erst, wenn man zusammen spielt und dann merkt man, dass man verliebt ist. Manchmal ist man verliebt in jemanden, aber der andere ist nicht verliebt in einen, dann macht uns das traurig. Man muss deshalb oft weinen.

FRANCESCA: Wenn man in jemanden verliebt ist, möchte man sein ganzes Leben mit ihm verbringen.

ELIA: Wenn man den anderen nicht sofort liebt, mag man ihn zuerst ein bisschen, und wenn man ihn öfter sieht, mag man ihn ein bisschen mehr.

JORDAN: Als ich im Kindergarten war, gab es da ein Mädchen, das mich sehr gern hatte, ich sie aber am Anfang nicht besonders. Später habe ich angefangen, ihr in der Pause zu sagen, dass ich mehr für sie empfinde, da war sie ganz aufgeregt und hat mich bedrängt.

Lachen.

ELIA: Manchmal sind die besten Freundinnen in denselben Jungen verliebt, und dann kann es passieren, dass sie sich streiten. Und das alles wegen eines Jungen, den sie beide lieben.

CHRISTOPHE: Ich denke, man sollte sich nicht zu sehr an einen anderen Menschen klammern. Denn wenn dieser Mensch dich eines Tages nicht mehr liebt oder wenn er stirbt, weinst du tagelang.

FRÉDÉRIC: Du meinst, wenn man nicht zu sehr leiden will, sollte man sich nicht zu sehr binden. Aber ein bisschen muss man sich schon binden, oder nicht?

CHRISTOHE: Ja, aber man darf sich trotzdem nicht zu sehr binden. Ich hatte mich sehr an meinen Hund gebunden, und als er gestorben ist, war ich schrecklich unglücklich.

FRÉDÉRIC: Ich habe ein Buch über dieses Thema geschrieben. Es heißt *Herz aus Glas.*

MEHRERE STIMMEN: Ja!

EINE STIMME: Wir haben es gelesen.

FRÉDÉRIC: Es geht um ein kleines Mädchen. Ihr Hund stirbt und sie sagt: Nie wieder werde ich einen Hund haben können, weil es mir zu sehr wehgetan hat. Und dann sagt ihr Großvater: »Im Gegenteil, du solltest dein Herz noch weiter öffnen.« Ich habe das geschrieben, weil ich sagen möchte, dass man tatsächlich Angst davor hat zu leiden, denn die Liebe kann dazu führen, dass wir leiden. Seid ihr alle damit einverstanden, dass wir aus Liebe leiden können?

STIMMEN: Ja.

FRÉDÉRIC: Ist das ein Grund, um sich nicht zu binden?

STIMMEN: Nein.

GENNA: Aber man sollte sich nicht zu sehr binden, wie Christophe gesagt hat. Wenn man zum Beispiel jemanden trifft, der Herzprobleme hat, sollte man sich nicht zu sehr an ihn binden, denn er könnte ja sterben.

FRÉDÉRIC: Und du glaubst, dass man seine Gefühle kontrollieren kann?

GENNA: Ja.

FRÉDÉRIC: Ihr habt gesagt, dass man mehrere Freunde haben kann. Kann man auch in mehrere Menschen verliebt sein?

EINE STIMME: Ja.

ELIA: Manchmal kann man sich in zwei Jungen verlieben und ein Junge kann in zwei Mädchen verliebt sein.

GENNA: Es stimmt, dass sich ein Mädchen in zwei Jungen verlieben kann, aber sie kann nicht mit beiden gehen.

FRÉDÉRIC: Du machst da einen interessanten Unterschied. Du sagst: Man kann in mehrere Personen verliebt sein, aber nur mit einer gehen. Kannst du erklären warum?

GENNA: Ich kann das nicht erklären …

FRANCESCA: Wenn da zum Beispiel ein Junge ist, der in zwei Mädchen verliebt ist, aber sie wissen nichts davon, dann sagt er: »Ich gehe zu einem Kumpel«, aber in Wirklichkeit geht er mit einem anderen Mädchen aus.

FRÉDÉRIC: Jungs sind schrecklich!

Lachen.

MARINA: Wenn man mit zwei Leuten ausgeht und die das dann mitbekommen, streiten sie sich und es gibt ziemlichen Ärger.

JULIE: Man kann ja auch nicht in zwei verschiedenen Wohnungen leben, man kann sich nicht zweiteilen.

GENNA: Wenn man zwei Menschen liebt, muss man sich entscheiden, ob man gerecht sein will, denn im Herzen wird man immer einen von beiden etwas mehr mögen als den anderen.

FRÉDÉRIC: Habt ihr schon einmal festgestellt, dass Liebe auch zu Gewalt führen kann?

FRANCESCA: Ja. Wenn man jemanden liebt und dieser mit jemand anderem geht, kann man Hass bekommen.

JULIE: Ein Mädchen war mit einem Jungen zusammen, der ihr dann sagte, dass er sie nicht mehr liebt und dann ist er mit einem anderen Mädchen gegangen. Das Mädchen wollte die Neue am liebsten umbringen, um den Jungen zurückzubekommen.

GENNA: Manchmal schlagen sich zwei Jungs um ein Mädchen, das dann aber Angst bekommt und sagt: »Das alles passiert nur meinetwegen, da bring ich mich besser um«, ansonsten bringen sich die Jungen gegenseitig um.

RUBEN: Als sich meine Tante und mein Onkel getrennt haben, war mein Onkel so wütend, dass er das Auto von meiner Tante angezündet hat.

FRÉDÉRIC: Wenn die Menschen so brutal sind und sogar bereit wären, andere aus Eifersucht zu töten, ist das dann immer noch Liebe?

EINE STIMME: Nein, das ist Hass.

FRÉDÉRIC: Und warum sind Liebe und Hass so nah beieinander?

Keine Antwort.

FRÉDÉRIC: Wenn man jemanden liebt, möchte man, dass der andere glücklich ist. Da man aber an dem anderen hängt, kann man auch eifersüchtig sein und plötzlich in Hass abgleiten, wenn der andere uns verlässt. Ihr habt also gesehen, dass die Liebe widersprüchlich ist. Sie ist ein komplexes Gefühl, und deshalb ist es gut, wenn ihr darüber nachdenkt, denn ihr werdet euch vielleicht euer ganzes Leben lang mit diesen widersprüchlichen Emotionen beschäftigen.

WAS IST EIN FREUND?

Ich habe aus dem Philosophiekurs mit den Kindern der Grundschule in Brando zum Thema Liebe den Teil herausgezogen, der sich speziell mit der Freundschaft beschäftigt. Dabei habe ich festgestellt, dass die Kinder sehr klar zwischen Freunden und Liebenden oder auch Kumpels unterscheiden und dass das, was sie über die Freundschaft sagen, oft sehr berührt, weil es eine entscheidende Erfahrung in ihrem Leben darstellt. Da das Thema den Kindern aus ihrem täglichen Leben vertraut ist, fällt das Nachdenken darüber nicht schwer, und schnell entsteht eine lebhafte Debatte, an der sich die Mehrzahl der Kinder beteiligt.

FRÉDÉRIC: Ich möchte zum Schluss noch ein wenig mehr über das Thema Freundschaft sprechen. Was ist ein Freund?

FRANCESCA: Ein Freund oder eine Freundin ist jemand, dem man alles sagt.

NATHAN: Ein Freund ist jemand, der treu ist und der dir immer hilft.

EVAN: Ein Freund ist jemand, der dich liebt.

FRÉDÉRIC: Ja, aber liebt dich deine Mama denn nicht?

EVAN: Doch.

FRÉDÉRIC: Was ist dann der Unterschied zu einem Freund?

EVAN: Freunde helfen.

CHRISTOPHE: Man muss einen Unterschied machen zwischen Freunden und Kumpels. Kumpels hat man immer, und man spielt mit ihnen. Aber einem Freund sagt man alles, er ist da, wenn man ihn braucht. Er unterstützt uns immer. Er ist ein bisschen wie ein Bruder.

GENNA: Ich sehe das etwas anders. Für mich sind Freunde und Kumpels mehr oder weniger das Gleiche. Die, denen ich alles erzähle, sind meine besten Freunde oder meine besten Kumpels.

JULIE: Ich bin nicht einverstanden mit dir, aber mit Christophe schon. Ein Kumpel ist jemand, den du gernhast, mit dem du spielen kannst, dem du aber nicht alles sagst. Aber ein Freund ist jemand, der die Geheimnisse bewahren muss, die du ihm anvertraut hast. In den schwierigen Momenten ist ein Freund immer da, er ist ein bisschen wie ein Bruder.

ELIA: Ich mache auch einen Unterschied zwischen Kumpels und Freunden. Aber ich würde das Gegenteil von dem sagen, was Christophe sagt: Die Kumpels sieht man nicht alle Tage, während man die Freunde sehr oft sieht.

MATTHIAS: Mit einem Kumpel spielt man in der Pause, aber ein Freund kommt zu uns nach Hause.

CHRISTOPHE: Ich bin einverstanden mit Genna. Freunde und Kumpels sind das Gleiche. Es gibt nur einen großen Unterschied zwischen beiden: Freunde hat man nur einen, zwei oder höchstens drei, während man zehn Millionen Kumpels haben kann.

FRÉDÉRIC: Was hältst du davon, Genna?

GENNA: Ich weiß nicht so genau.

JULIE: Ich bin der gleichen Meinung wie Christophe. Meine

beste Freundin ist Genna, und dann habe ich noch ein paar andere Freundinnen: Jenny, Sarah, Blandine, Marina und dann noch mehr. Genna kann ich meine Geheimnisse erzählen.

BLANDINE: Ein Freund ist jemand, an den du dich stark bindest. Viel mehr als an einen Kumpel. Wenn du wegziehst oder die Schule wechselst, verlierst du deine Kumpels, aber nicht deine Freunde.

Ein Freund ist jemand,
der treu ist und der
dir immer hilft.

Nathan (8 Jahre)

Hier folgt ein Ausschnitt aus einem Kurs über die Freundschaft mit jüngeren Kindern (im Alter zwischen sechs und sieben Jahren), den ich an der öffentlichen Grundschule Jacques Prévert in Pézenas in der Nähe von Montpellier gehalten habe.

FRÉDÉRIC: Was ist ein Freund?

KATHLEEN: Ein Freund ist jemand, mit dem man schöne Sachen macht.

MIA: Ich hatte eine Freundin, die hingefallen ist, und ich habe ihr geholfen. Dafür hat man Freundinnen.

LANA: Eine Freundin ist jemand, der für dich da ist und mit dem du Sachen machen kannst.

CAPUCINE: Freunde sein bedeutet, dass man zusammen

sein kann, dass man sich tröstet, wenn man traurig ist, dass man sich hilft, dass man redet und auch miteinander spielt.

ROMAIN: Für mich sind Freunde fast wie meine Familie.

MANEL: Wir haben Spaß zusammen. Wir spielen mit unseren Freunden.

MIA: Meine Freundin ist für mich ein bisschen wie meine Lieblingsschwester. Wir haben uns so gern, dass wir am liebsten zusammenwohnen würden.

Lachen.

MAYSSAE: Wenn man eine Freundin hat, hat man Glück, eben Glück zu zweit.

FRÉDÉRIC: Kann man mehrere Freunde haben?

Allgemeine Zustimmung.

FRÉDÉRIC: Sind alle einverstanden? Ist jemand nicht einverstanden?

EINE STIMME: Ja.

EINE ANDERE STIMME: Nein.

FRÉDÉRIC: Wer denkt, dass man nicht mehrere Freunde haben kann?

NORA: Ich mag nicht, wenn ich zu viele Freundinnen habe und wenn meine Freundin andere Freundinnen hat.

FRÉDÉRIC: Bist du eifersüchtig, wenn deine Freundin mit anderen Freundinnen spielt?

NORA: Ja.

FRÉDÉRIC: Aber denkst du, dass man mehrere Freundinnen haben kann?

NORA: Ich kann das nicht.

FRÉDÉRIC: Wer ist nicht einverstanden damit? Wer meint, dass es besser ist, wenn man mehrere Freunde hat?

CAPUCINE: Es ist besser, mehrere Freunde zu haben, denn so hat man mehr Chancen auf mehr Glück.

MAYSSAE: Ich denke, mehr Freunde zu haben ist gut, weil wenn man nur einen hat und der verreist ist, hat man noch die anderen, mit denen man spielen kann.

BASTIEN: Ich bin nicht einverstanden mit Nora: Es ist gut, mehrere Freunde zu haben, denn mit unseren Freunden können wir noch mehr Freunde dazubekommen.

FRÉDÉRIC: Also, Nora, du hast gehört, was alles gesagt wurde. Konnten dich die anderen davon überzeugen, dass es besser ist, mehrere Freunde zu haben, oder denkst du immer noch, dass es besser ist, nur einen Freund zu haben?

NORA: Ich denke, es ist besser, nur eine Freundin zu haben.

FRÉDÉRIC: Es gab mal einen Philosophen, der vor 2500 Jahren in Athen, in Griechenland, gelebt hat. Er hieß Aristoteles und er hat ein schönes Buch geschrieben, in dem er über die Freundschaft spricht. Darin sagt er, ein Freund sei jemand, den man sich aussucht, den man anderen vorzieht und den man so oft wie möglich sehen möchte, um gemeinsam Dinge zu unternehmen. Seid ihr damit einverstanden?

Allgemeine Zustimmung.

IST DER MENSCH EIN TIER WIE ANDERE AUCH?

Es gibt keine bessere Methode über den Menschen nachzudenken, als ihn mit dem Tierreich zu vergleichen. Aus philosophischer Sicht bedeutet dies, uns Fragen über uns selbst zu stellen, die über Gemeinplätze und apriorische Tatsachen hinausgehen. Durch den Vergleich des Menschen mit anderen Tierarten können wir unsere eigene Position relativieren und besser reflektieren.

Ich habe zwei Philosophiekurse zum Thema Mensch und Tier durchgeführt, unter anderem in einer Grundschulklasse mit Kindern zwischen acht und elf Jahren an der öffentlichen Schule François-Jacob in Mouans-Sartoux, einer Gemeinde in den Alpes-Maritimes bei Italien, den ich hier nahezu vollständig wiedergebe.

FRÉDÉRIC: Gibt es eurer Meinung nach einen Unterschied zwischen Mensch und Tier?

TESS: Ich glaube, es gibt keinen Unterschied, denn unsere Art ist die intelligenteste und dümmste zugleich.

Lachen.

FRÉDÉRIC: Könntest du deinen Gedanken noch etwas genauer formulieren?

TESS: Wir sind einfach nur weiterentwickelt: Wir gehen aufrecht und haben viele Sachen, die Tiere nicht haben. Aber letztlich gibt es keinen großen Unterschied.

ÉLODIE: Ich sehe das auch so, Tess, das stimmt. Es gibt Leute, die sind wirklich dumm, richtig dumm. Und dann gibt es sehr intelligente Leute wie die Wissenschaftler, und wegen ihnen sind wir vielleicht so weit gekommen. Mag sein, dass Tiere auf manchen Gebieten weniger weit entwickelt sind als wir, aber jedes Tier hat etwas Besonderes an sich. Der Esel zum Beispiel. Ich glaube, er kann ziemlich weit gucken. Oder der Gepard, er kann sehr hoch springen.

SÉBASTIEN: Ich finde ebenfalls, Mensch und Tier sind gleich. Denn der Urmensch war auch so eine Art Tier. Wir sind eben alle Tiere.

JANA: Menschen und Tiere sind gleich, weil jede Art ihre eigene Sprache hat, auch wenn es nicht die gleiche ist.

MIA: Ich sehe das anders. Menschen und Tiere sind überhaupt nicht gleich.

FRÉDÉRIC: Kannst du das begründen?

MIA: Ja! Die Menschen sind besser geschützt als die Tiere, weil sie einfach anders sind.

ENZO: Ich sehe das nicht ganz so wie du, Mia, denn der Mensch ist ja selbst auf die Idee gekommen, dass er den Tieren überlegen ist. Wir haben gesagt, dass wir höher stehen als die Tiere und uns Rechte herausgenommen, die die Tiere nicht haben. Das heißt aber noch lange nicht, dass wir den Tieren wirklich überlegen sind.

ROBIN: Ich bin der gleichen Meinung wie Enzo. Eigentlich sind wir genau gleich, weil wir selbst auch Tiere sind. Nur eben eine andere Art.

Im Unterschied zu den Tieren
ist der Mensch nie zufrieden.
Er will immer mehr haben.

Tess (10 Jahre)

FRÉDÉRIC: Eine andere Art.

ROBIN: Ja, eine besondere Art, die über die anderen Arten herrscht.

TESS: Ich möchte nochmal etwas zu dem sagen, was Mia vorhin meinte. Es gibt trotzdem einen Unterschied zwischen Mensch und Tier, da bin ich sicher. Vor allem deshalb, weil der Mensch zum Vergnügen töten kann, während die Tiere nur töten, wenn sie etwas zu fressen brauchen oder wenn sie sich verteidigen müssen.

MAËLLE: Wir sind Brüder und Schwestern.

ENZO: Zwillinge.

FRÉDÉRIC: Ihr denkt also das Gleiche. Das ist wirklich ein gutes Argument.

Lachen.

AURÉLIEN: Ich finde, wir sind fast gleich, nur mit kleinen Unterschieden.

FRÉDÉRIC: Welchen?

AURÉLIEN: Wenn man zum Beispiel einen Wolf und einen Menschen in der Natur sich selbst überlässt, werden sie sich nicht auf die gleiche Weise durchschlagen. Der Wolf hat einen stärkeren Überlebenstrieb, er wird leichter etwas zu fressen finden. Der Mensch ist mehr von der Natur abgeschnitten. Er lebt im Luxus, aber in der Natur könnte er nicht überleben.

BAPTISTE: Menschen und Tiere sind nicht gleich, weil die Menschen das Auto erfunden haben und die Tiere nicht.

Lachen.

MARIN: Ich bin nicht deiner Meinung, Baptiste, denn wenn du zum Beispiel nach Afrika gehst, kannst du Affen sehen, die sich aus Steinen Messer gemacht haben. Sie können auch Gegenstände bauen.

BAPTISTE: Ich habe das Auto als Beispiel genannt! Hast du schon mal Affen gesehen, die ein Auto gebaut haben?

ÉLODIE: Ich bin nicht einverstanden mit Baptiste, weil zum Beispiel jede Art ihr eigenes Haus baut. Wir bauen Häuser aus Holz oder Stein, die Ameisen bauen einen Ameisenhaufen und die Vögel ein Nest. Und um so einen Ameisenhaufen oder ein Vogelnest zu bauen, braucht man ganz schön viel Zeit, das geht nicht einfach so. Jeder macht das auf seine eigene Art, und es erfordert eine gewisse Intelligenz.

CHARLIE: Das stimmt! Ein Ameisenhaufen ist ziemlich kompliziert. Man braucht viele Ameisen, um ihn zu bauen. Sie machen zwar nicht die gleichen Sachen wie wir, aber was sie machen, ist überhaupt nicht einfach.

ENZO: Ich möchte was zu dem sagen, was Baptiste und Marin gesagt haben. Die Tiere, also zum Beispiel die Affen, bauen sich Werkzeuge. Damit wird das Leben leichter und sie bauen sich noch mehr Werkzeuge und dann entwickeln sie sich genauso weiter wie wir. Irgendwann werden sie Fleisch kochen und dann, eines Tages, werden sie genau so weit sein wie wir.

FRÉDÉRIC: Du würdest also nicht sagen, dass es einen

grundlegenden Unterschied zwischen der Natur des Menschen und der des Tieres gibt, sondern nur einen zeitlichen Unterschied im Entwicklungsstadium unserer jeweiligen Art?

ENZO: Genau.

MIA: Ich bin total einverstanden mit Baptiste: Ein Tier kann nicht genau das Gleiche tun wie ein Mensch. Wir sind nicht gleich, aber ich weiß nicht, wie ich das erklären soll.

MAËLLE: Was Baptiste sagt, stimmt, denn die Tiere sind nicht so intelligent wie wir.

FRÉDÉRIC: Sind sie nicht so intelligent wie wir oder sind sie überhaupt nicht intelligent?

MAËLLE: Die Tiere machen die Dinge einfach so, während wir immer darüber nachdenken, wozu etwas nützt. Die Intelligenz des Menschen ist eher für die Sachen da, die man nicht zum Überleben braucht, während die Intelligenz der Tiere zum Überleben dient.

FRÉDÉRIC: Das ist sehr interessant, ich würde gern wissen, wie die anderen darüber denken.

TESS: Das stimmt. Wir denken nach, um uns das Leben zu erleichtern, aber auch, um neue Sachen zu erfinden. Und jedes Mal, wenn der Mensch etwas entdeckt, will er noch weiter, immer weiter.

FRÉDÉRIC: Er ist also nie zufrieden?

TESS: Genau, er ist nie zufrieden. Er will immer mehr haben.

ENZO: Ich denke, die Tiere sind so wie wir. Man muss manchen Tieren wie den Affen oder Delfinen nur die Zeit lassen, dann werden sie auch die Art von Intelligenz und Neugierde entwickelt haben wie der Mensch von heute.

ROBIN: Ich denke das Gleiche wie Tess. Wir sind im Gegensatz zu den Tieren in einem ständigen Wettbewerb: Wir wollen immer reicher werden, immer schönere Sachen haben, immer besser werden. Wir sind im Wettstreit mit der ganzen Welt, obwohl das überhaupt nichts bringt. Wir erfinden lauter Sachen wie zum Beispiel die Autos, aber wenn sie nicht da wären, dann wäre die Welt besser dran.

Wir sind im Gegensatz zu den Tieren
in einem ständigen Wettbewerb:
Wir wollen immer reicher werden,
immer schönere Sachen haben,
immer besser werden.
Wir sind im Wettstreit
mit der ganzen Welt,
obwohl das überhaupt nichts bringt.

Robin (11 Jahre)

MUSS MAN AUF GEWALT MIT GEWALT ANTWORTEN?

Ich habe zahlreiche Philosophiekurse rund um die Themen Zusammenleben, Respekt, Gerechtigkeit und Autorität geführt. Diese Themen ermöglichen den Einstieg zu Debatten über die Grundlagen der Moral und der Regeln des gesellschaftlichen Lebens. Sie bilden das Herzstück der neuen Leitlinien in der moralischen und bürgerlichen Erziehung, die darauf zielen, verantwortungsbewusste Menschen heranzubilden. Im Kontext der Philosophiekurse allerdings sollen sie vor allem als Anregung für einen sehr freien Dialog dienen. Einige Wortbeiträge mögen vielleicht unnütz oder ungeschickt wirken, aber sie ermöglichen es jedem einzelnen Kind, sich zu äußern und die eigene Meinung mit der der anderen Kinder zu vergleichen – was sehr viel wirksamer ist als jeder Frontalunterricht.

Es folgen zwei ausführliche Auszüge aus Kursen zu diesem Thema. Der erste fand in einer öffentlichen Grundschule mit Kindern zwischen sieben und acht Jahren in Brando im Norden Korsikas statt.

FRÉDÉRIC: Das letzte Mal haben wir über das Glück gesprochen. Heute soll es um das Zusammenleben gehen. Was braucht man, damit man zusammen glücklich ist?

CAMILLE: Wenn Kinder allein sind, spielen wir mit ihnen.

FRÉDÉRIC: Ja, und wie nennt man das, wenn man sich so um andere Menschen kümmert?

LOU: Freundlichkeit.

FRÉDÉRIC: Um zusammen glücklich zu sein, muss man freundlich sein?

JULIEN: Solidarisch?

FRÉDÉRIC: Was heißt das, solidarisch sein?

JULIEN: Mit anderen zusammenleben und sich um sie kümmern, wenn sie Probleme haben.

CHIARA: Das ist ein bisschen so wie in einer Gemeinschaft zu leben. Zum Beispiel, wenn mich meine Nachbarin anschreit, weil wir im Treppenhaus zu viel Lärm machen und sie nicht schlafen kann, dann höre ich auf so laut zu sein, weil man sich unter Nachbarn respektieren muss.

FRÉDÉRIC: Chiara hat das Wort Respekt benutzt. Was heißt Respekt?

THÉO: Das bedeutet, anderen Menschen zu helfen.

FRÉDÉRIC: Seid ihr damit einverstanden, dass Respekt bedeutet, anderen zu helfen?

Allgemeines »Nein«.

FRÉDÉRIC: Also bedeutet es etwas anderes. Helfen ist gut, aber jemanden respektieren ist anders.

CHIARA: Genau wie ich vorhin gesagt habe: Wenn da jemand ist, der Kopfweh hat und die anderen machen Krach, dann muss man damit aufhören, um den anderen zu respektieren.

EINE STIMME: Ja, aber wenn ich Kopfweh habe, finde ich Krach gut.

Lachen.

FRÉDÉRIC: Ach so?

DIESELBE STIMME: Danach habe ich noch mehr Kopfweh.

MATHIS: Respekt bedeutet auch, die anderen nicht zu hauen.

JULIEN: Sich nicht über andere lustig zu machen. Beim Fußball gibt es manchmal Leute, die Rassisten sind und die sich über die Schwarzen lustig machen. Dann haben sie keinen Respekt.

FRÉDÉRIC: Ganz genau. Und warum müssen wir die anderen respektieren?

CAMILLE: Damit es keine Schlägereien gibt.

MATHIS: Damit man Freunde findet.

THOMAS: Damit die anderen nicht traurig sind.

MATHIS: Wenn man zu böse ist, die anderen einen aber respektieren, dann gehen die Eltern in die Schule und sagen das und danach ruft die Schule die Polizei an und man kommt ins Gefängnis.

Lachen.

FRÉDÉRIC: Wie lernt man Respekt?

THOMAS: Ich muss nett zu der anderen Person sein, damit sie mich respektiert.

ANTOINE: Ja, und selbst wenn die anderen uns nicht respektieren, sollten wir sie respektieren, damit sie uns auch respektieren wollen. Wenn sie nämlich merken, dass es ihnen gut tut, wenn man sie respektiert, bekommen sie vielleicht auch Lust, uns zu respektieren.

JULIEN: Ich stimme Antoine zu, aber wenn ich merke, dass mich die anderen nicht respektieren, werde ich sie auch nicht die ganze Zeit respektieren.

THÉO: Ich bin Juliens Meinung.

EINE STIMME: Ich auch.

NATUREL: Ich bin auch Juliens Meinung. Wenn man uns nicht respektiert, müssen wir die anderen ebenfalls nicht respektieren, damit sie sehen, was es heißt, nicht respektiert zu werden.

ANTOINE: Ich bin auch irgendwie einverstanden mit Julien. Ich finde, er hat recht. Wenn ich den Anderen weiterhin respektiere, obwohl mich der Andere nicht respektiert, höre ich vielleicht auch auf, ihn zu respektieren. Aber wenn er anfängt, mich ein bisschen zu respektieren, ist es besser, wenn ich ihn auch weiter respektiere.

FRÉDÉRIC: Wenn der andere Mensch also seine Haltung ändert, haben wir Respekt vor ihm, wenn er das allerdings nicht tut und euch weiterhin nicht respektiert, fangt ihr an, euch zu verteidigen. Aber wie?

MATHIS: Wenn er weitermacht, rufen wir die Polizei.

ANTOINE: Wir müssen nicht unbedingt die Polizei rufen. Wir können auch einfach mit ihm reden.

MATHIS: Wenn uns jemand nervt, muss man ihn nicht gleich schlagen, weil wir sonst selbst ins Gefängnis kommen.

EINE STIMME: Man muss sich trotzdem irgendwie verteidigen.

FRÉDÉRIC: Ja, aber muss man auf Gewalt mit Gewalt antworten?

ANTOINE: Man darf auf Gewalt nicht mit Gewalt antworten, sonst endet das in einer Schlägerei. Man muss die Erwachsenen rufen oder die Polizei.

FRÉDÉRIC: In der Tat kann man versuchen, mit Leuten, die einen nicht respektieren, zu reden, aber manchmal, wenn es schlimm ist, muss man die Polizei rufen, damit sie dafür sorgt, dass das Gesetz eingehalten wird. Was ist das Gesetz?

ANTOINE: Zum Beispiel die Terroristen, die respektieren das Gesetz nicht, weil sie ohne Grund Menschen umbringen. Und das ist ungesetzlich. Man hat nicht das Recht, so etwas zu tun.

FRÉDÉRIC: Das Gesetz heißt also, Menschen nicht zu töten?

JULIEN: Das Gesetz verbietet Gewalt.

FRÉDÉRIC: Ja, und wer macht das Gesetz?

EINE STIMME: Der Präsident.

FRÉDÉRIC: Nein, das macht nicht der Präsident.

JULIEN: Der Bürgermeister?

FRÉDÉRIC: Auch nicht!

ANTOINE 2: Die Polizei.

FRÉDÉRIC: Nein, die Polizei sorgt nur dafür, dass die Gesetze eingehalten werden. Aber wer macht nun das Gesetz?

ANTOINE: Die Republik!

Niemand kann alles wissen,
und man kann sich irren,
wenn man Selbstjustiz übt.

Ninon (8 Jahre)

Den folgenden Kurs habe ich mit Kindern zwischen sieben und neun Jahren an der öffentlichen Grundschule Victor-Duruy de Fontenay-sous-Bois in der nordwestlich von Paris gelegenen Gemeinde Val-de-Marne abgehalten.

FRÉDÉRIC: Denkt ihr, man kann Selbstjustiz üben?

LOUIS: Nein.

FRÉDÉRIC: Aus welchem Grund?

LOUIS: Man kann nicht Selbstjustiz üben, weil man nicht alles über das Gesetz wissen kann und weil man manchmal ungerecht ist.

GABIN: Ich denke schon.

FRÉDÉRIC: Warum?

GABIN: Ich weiß nicht.

FRÉDÉRIC: Suche nach dem Grund: Wenn wir versuchen zu philosophieren, suchen wir immer nach einer Begründung, denn es geht nicht nur um ein Gefühl. Wir versuchen, ein Argument zu finden. Und dann vergleichen wir unsere Argumente. Warum also denkst du, dass man Selbstjustiz üben kann?

GABIN: …

RONAN: Ich denke auch ja, weil man manchmal genau weiß, was nicht richtig läuft und man es dann selbst verbessern kann.

FRÉDÉRIC: Einverstanden.

MATHIS: Ich finde das nicht, denn man hat nicht immer recht.

FRÉDÉRIC: Du sagst also wie Louis, dass man nicht alles wissen kann und sich deshalb manchmal irrt.

MATHIS: Ja.

NINON: Ich sehe das so wie Louis und Mathis. Niemand auf der Welt kann immer recht haben. Niemand auf der Welt kann alles wissen, und man kann sich irren, wenn man Selbstjustiz übt.

FRÉDÉRIC: Ich werde die Frage ein wenig anders formulieren: Ist es aus eurer Sicht legitim, auf Gewalt mit Gewalt zu reagieren?

NISAR: Nein. Erstens, weil es nicht gut ist, andere zu schlagen, und zweitens, weil es besser ist zu reden als mit der Gewalt weiterzumachen.

FRÉDÉRIC: Einverstanden. Wer hat noch nichts gesagt?

LOLA: Ich denke nicht. Denn wenn man ein Problem hat, ist es besser, mit einem Erwachsenen zu reden, weil wir oft nur mit Gewalt antworten können und damit überhaupt nichts gelöst wird.

FRÉDÉRIC: Es würde also das Problem nur größer machen, wenn man auf Gewalt mit Gewalt reagiert?

LOUIS: Es ist besser zu reden als zuzuhauen, weil man immer böser wird, wenn man jemanden schlägt. Aber wenn wir reden, hilft das beim Nachdenken.

THIBAULT: Es ist nicht gut, wenn man jemanden schlägt, weil das zu einem Krieg führen kann.

RONAN: Das stimmt. Du fängst an mit einem Faustschlag, und am Ende landest du bei Waffen. Das ist keine gute Idee.

CHARLOTTE: Nein, das ist idiotisch.

FRÉDÉRIC: Warum ist das idiotisch?

CHARLOTTE: Weil dich der andere zurückschlägt, wenn du ihn vorher gehauen hast.

GASPARD: Ich denke auch nein, denn wenn man jemanden

schlägt, wird man wieder zuschlagen, und am Ende landet man im Gefängnis.

SIDONIE: Es ändert sich nichts, wenn man jemanden schlägt, aber wenn man redet schon.

FRÉDÉRIC: Was ändert sich, wenn man redet?

SIDONIE: Man kann Frieden schließen.

NINON: Ja, aber manchmal kann es mehr wehtun, wenn man redet, als wenn man zuhaut. Man darf auch keine doofen Sachen sagen, man darf den anderen nicht beleidigen.

FRÉDÉRIC: Ihr sagt alle mehr oder weniger das Gleiche: Man darf auf Gewalt nicht mit Gewalt reagieren. Das nützt gar nichts. Es führt zu Konflikten, zu Kriegen, zu Problemen. Man sollte besser diskutieren. Und du, Ninon, hast gesagt, dass man Wörter benutzen sollte, mit denen man den anderen nicht verletzt, denn das würde wieder nur zu Gewalt führen. Aber was kann man tun, wenn der andere bei der Gewalt bleibt, das heißt, wenn er weiterhin aggressiv ist?

ANTON: Wenn das immer noch nichts nützt, kann man zuhauen.

CLARA: Nein, es ist besser, wenn man mit den Erwachsenen redet.

LOLA: Es ist besser, es den Erwachsenen zu sagen, dann wird das Problem sofort gelöst.

GABIN: Ich denke so wie Clara und Lola, ich finde es besser, mit den Erwachsenen zu sprechen als zuzuhauen.

NINON: Man muss mit einem Erwachsenen sprechen, wenn man ein Problem mit einem anderen Kind hat, aber wenn man ein Problem mit einem Erwachsenen hat, sollte man besser zur Polizei gehen.

FRÉDÉRIC: Wofür ist die Polizei da?

NINON: Damit man nicht in Gefahr gerät. Wenn uns jemand schlägt, bedroht, entführt oder wenn er mit uns Sachen macht, die er nicht tun darf, muss man das seinen Eltern sagen und die Polizei informieren.

NOÉ: Ich glaube, es ist besser, die Polizei zu rufen, denn die ganzen Probleme, die wir in Frankreich haben, kann man nicht anders lösen.

LOUIS: Ich sehe das eher so wie Anton. Wenn du in einer Sackgasse steckst und da Leute sind, die dich schlagen, musst du dich verteidigen. Du rufst die Polizei erst hinterher, um sie zu fassen. Aber zuerst hast du keine andere Wahl: Du musst dich verteidigen.

FRÉDÉRIC: Du sagst also, es hängt alles von der Situation ab.

ANTON: Wenn man immer jemanden findet, der uns hilft, wozu macht man dann Judo?

FRÉDÉRIC: Wenn es keine andere Lösung gibt, muss man sich verteidigen.

THIBAULT: Das glaube ich auch. Wenn man in einer Falle steckt und der andere eine Pistole hat, kann man sich mit Judo verteidigen.

FRÉDÉRIC: Vor einer Pistole kannst du mit Judo zwar nicht viel ausrichten, aber gut … Warum nicht?

Lachen.

LOLA: Du haust ab, und damit hat sich's.

FRÉDÉRIC: Ja, die beste Lösung wäre zu fliehen, wenn das möglich ist. Also, ihr seid alle der Ansicht, dass man auf

Gewalt nicht mit Gewalt reagieren sollte. Ihr habt von der Polizei gesprochen, die da ist, damit die Regeln eingehalten werden. Ich werde euch jetzt noch eine andere Frage stellen, die auch ein wenig mit all dem zu tun hat, aber von einer anderen Seite her: Meint ihr, die Staatsgewalt ist notwendig?

NINON: Ja, denn ohne sie gäbe es überall nur Kriege, Konflikte und Tote, es gäbe jeden Tag sechsundzwanzig Tote an dieser Schule hier.

Lachen.

FRÉDÉRIC: Na, du bist ja optimistisch, Ninon!

Lachen.

FRÉDÉRIC: Was ist die Staatsgewalt?

NINON: Die Staatsgewalt sorgt dafür, dass die Gesetze eingehalten werden: dass du niemanden tötest, erpresst, dass du nichts klaust.

FRÉDÉRIC: Gibt es einen Begriff für all das?

NINON: Das Gesetz?

FRÉDÉRIC: Das Gesetz, ganz genau. Macht weiter.

LOUIS: Ich bin teilweise einverstanden mit Ninon, aber nicht ganz, weil du Diebstahl, Gewalt und Erpressung nie aufhalten kannst.

NINON: Ja, aber es ist besser, sie zumindest zur Hälfte aufzuhalten, anstatt alles weiterlaufen zu lassen.

LOUIS: Aber du kannst es nicht ganz aufhalten.

Selbst wenn die anderen uns nicht respektieren, sollten wir sie respektieren, damit sie uns

auch respektieren wollen.
Wenn sie nämlich merken,
dass es ihnen guttut,
wenn man sie respektiert,
bekommen sie vielleicht auch Lust,
uns zu respektieren …

Antoine (7 Jahre)

FRÉDÉRIC: Willst du damit sagen, dass das Gesetz gar nichts nützt?

LOUIS: Nein.

FRÉDÉRIC: Willst du sagen, dass das Gesetz zwar notwendig, aber nicht ausreichend ist?

LOUIS: Ja.

FRÉDÉRIC: Was bräuchte man abgesehen von den Gesetzen noch, um die Welt besser zu machen?

LOUIS: Das kann man nicht.

FRÉDÉRIC: Du meinst, es gibt keinen Weg?

LOUIS: Nein.

FRÉDÉRIC: Seid ihr einverstanden mit Louis?

CLARA: Man müsste reden anstatt zu töten.

GABIN: Alle Menschen müssten glücklich sein, dann gäbe es auch keine Konflikte und keine Gewalt mehr.

FRÉDÉRIC: Ah, das ist sehr interessant, was du da sagst, Gabin. Was haltet ihr davon?

LOLA: Ich glaube das nicht wirklich, weil man nicht alle Menschen glücklich machen kann. Es wäre schön, aber es ist unmöglich, dass alle glücklich sind und es keine Kriege mehr gibt.

FRÉDÉRIC: Im 17. Jahrhundert gab es einen großen Philosophen, der hieß Spinoza, und er hat mehr oder weniger das Gleiche gesagt wie Gabin. Er hat gesagt: Wenn sich alle Menschen Mühe geben würden, ihre traurigen Gefühle und Leidenschaften zu kontrollieren – ihre Ängste, ihre Wut, ihre Gelüste, ihre Eifersucht und so weiter –, wären sie glücklich und es gäbe keine Konflikte mehr.

LOUIS: Ich bin nicht ganz einverstanden, denn wenn ein Dieb glücklich wäre, wenn er jemanden tötet oder etwas klaut, dann würde das gar nichts helfen.

THIBAULT: Und wenn man alles anderen schenkt, nur damit sie glücklich sind, wird es trotzdem noch Leute geben, die nicht glücklich sind.

CLARA: Ich sehe das auch so. Es ist fast unmöglich, dass alle Menschen glücklich sind, weil man nicht alles haben kann, was man will. Und ich bin Louis' Meinung: Wenn es nämlich den Dieb glücklich macht zu stehlen und den Terroristen zu töten, dann werden wir das Problem nie lösen.

FRÉDÉRIC: Gabin, möchtest du antworten?

GABIN: Ja, aber es gibt auch Konflikte, weil es sehr arme Menschen und sehr reiche Menschen gibt. Wenn man besser teilen würde, gäbe es weniger Gewalt.

MATHIS: Ich bin einverstanden mit dir, Gabin. Würden die Reichen den Armen mehr helfen, dann wären die Armen glücklicher und es gäbe weniger Gewalt.

NOÉ: Ich denke, man braucht nicht viel, um glücklich zu sein. Das Problem ist nicht das Geld allein.

FRÉDÉRIC: Gabin hat im Grunde zwei Ideen geäußert: Zum

einen, dass es weniger Konflikte gäbe, wenn die Menschen glücklicher wären, und zum anderen, das es weniger Konflikte gäbe, wenn die Menschen besser teilen würden. Ich möchte noch etwas anderes vorschlagen, das aber in eine ähnliche Richtung geht: Meint ihr, man könnte die Welt durch die Erziehung verbessern?

GASPARD: Es gibt manchmal Terroristen, die nicht zur Schule gegangen sind. Vielleicht wären sie keine Terroristen geworden, wenn sie zur Schule gegangen wären.

NINON: Ja, ich denke, die Erziehung kann helfen. Aber ich denke auch, dass man nicht unbedingt Geld braucht, um glücklich zu sein. Man muss nur ein bisschen lächeln, und wenn man die ganze Welt anlächelt, dann lächelt sie zurück.

CLARA: Ich bin total einverstanden mit Ninon: Es wäre gut, wenn man mehr tun würde, um die Menschen um uns herum glücklicher zu machen.

ANTON: Ich sehe das ein bisschen so wie Gabin, denn ich mag das Leben, und wenn man glücklich ist, hat man keine Lust, anderen wehzutun. Die Terroristen töten gern, aber vielleicht ist das nur so, weil sie das Leben nicht lieben und weil sie nicht glücklich sind.

FRÉDÉRIC: Genau das hat Spinoza auch gesagt ... und Gabin!

Lachen.

Zum Schluss möchte ich euch noch einen Satz von Gandhi sagen. Wisst ihr, wer Gandhi war?

Allgemeines »Nein«.

FRÉDÉRIC: Gandhi war ein weiser Mann und ein Politiker, der es geschafft hat, Indien unabhängig zu machen.

Gandhi war ein großer Pazifist, der gegen Gewalt war. Und er hat diesen Satz gesagt: »Sei du selbst die Veränderung, die du dir wünschst für diese Welt.« Was haltet ihr davon?

NINON: Das stimmt, denn wenn zum Beispiel jemand sagt: »Schweige«, und dann spricht er selbst, dann verlangt er von dem anderen, sich zu ändern, er selbst tut es aber nicht. Das kann also nicht funktionieren.

GABIN: Ich bin einverstanden mit Gandhi, denn wenn jemand unglücklich ist, weil er seine Arbeit nicht mag, wird er glücklicher sein, wenn er sein Leben ändert. Es ist besser, sich selbst zu ändern als andere zu verurteilen.

Ich mag das Leben, und wenn man glücklich ist,
hat man keine Lust, anderen wehzutun.
Die Terroristen töten gern,
aber vielleicht ist das nur so,
weil sie das Leben nicht lieben
und weil sie nicht glücklich sind.

Anton (7 Jahre)

CHARLOTTE: Ich bin bin der gleichen Meinung wie Gandhi, weil so die ganze Welt glücklich ist und es keine Konflikte und Kriege mehr gibt, wenn alle sich ändern.

ANTON: So einfach ist das aber nicht. Wenn du die Welt ändern willst und wenn du willst, dass es keine Terroristen mehr gibt, wie willst du das anstellen?

FRÉDÉRIC: Die Lösung liegt für Gandhi darin, was wir vorhin über das Gesetz gesagt haben. Gandhi ist der Meinung, dass das Gesetz notwendig ist, aber allein nicht ausreicht. Die Menschen müssen sich selbst auch ändern. Seid ihr damit einverstanden, dass die Menschen sich ändern müssen, damit die Welt sich ändert?

ANTON: Ja, aber wie?

FRÉDÉRIC: Wir haben vorhin über Erziehung gesprochen. Wäre das keine Lösung?

MAYA: Ich denke, wenn du Kinder hast und sie gut erziehst, dann werden sie später nicht jeden Blödsinn machen. Vielleicht wurden die Menschen, die andere töten, nicht immer gut erzogen?

NINON: Ich finde, Anton hat recht, weil Mördern und Dieben das Gesetz egal ist. Gandhi will, dass sie sich ändern, aber sie werden das niemals tun.

FRÉDÉRIC: Ja, aber Maya hat gesagt, dass sie sich noch in ihrer Kindheit hätten ändern können, durch die Erziehung.

NINON: Ich sehe das auch so. Es stimmt, denn wenn die Eltern sie nicht gut erzogen haben, wenn sie sich selbst überlassen sind, nimmt es ein schlimmes Ende.

RONAN: Wenn sie wie wir gelernt hätten zu meditieren, wären sie bestimmt nicht so aggressiv geworden. Ich glaube, die Meditation hilft, ruhig zu werden und anderen zu verzeihen. Und wenn du verzeihen kannst, hast du keine Lust mehr, dich zu rächen und dann gibt es auch sehr viel weniger Gewalt.

GASPARD: Ich stimme Ronan zu. Wenn alle Menschen meditieren würden, wäre die Welt sehr viel besser.

WAS IST DER UNTERSCHIED ZWISCHEN GLAUBEN UND WISSEN?

Es erscheint mir notwendig, mit den Kindern über Glauben und Religion zu sprechen. Es hat sich herausgestellt, dass auch Kinder sehr betroffen sind von dem religiösen Fanatismus, der sich im islamistischen Terrorismus äußert. Jedes Mal, wenn von Religion die Rede ist, kommen sie von selbst auf dieses Thema zu sprechen. Dennoch hielt ich es für angebracht, die Reflexion etwas auszuweiten, indem ich sie nach dem Unterschied zwischen Glauben und Wissen fragte.

Der Kurs, den ich in der Grundschule La Découverte mit Kindern zwischen sieben und neun Jahren in Genf geführt habe, war umso aufschlussreicher, als die Kinder die unterschiedlichsten weltanschaulichen Hintergründe mitbrachten: Sie waren konfessionslos, katholisch, protestantisch, muslimisch, jüdisch oder buddhistisch.

FRÉDÉRIC: Was ist eine Religion?

JUSTIN R.: Eine Religion ist, wenn man daran glaubt, dass Gott die Welt erschaffen hat. Aber manchmal verursacht eine Religion auch Kriege.

KELAN: Ja, manchmal bekriegen sich die Religionen, weil sie nicht die gleichen Meinungen haben, und dann gibt es Krieg.

ALISSA: Eine Religion ist eine Tradition. Die Leute glauben, dass es Gott gibt. Und dann gibt es mehrere Religionen, die sich uneinig sind: die jüdischen Gläubigen, Jesus und so weiter.

TALIA: Ich glaube, eine Religion, das sind Leute, die einen Glauben haben und die dann ihr tägliches Leben ändern.

FRÉDÉRIC: Willst du damit sagen, dass der Glaube Einfluss auf ihr tägliches Leben hat?

TALIA: Ja. Und nach und nach erfinden sie Geschichten, viele Sachen.

ISAK: Wenn die Leute nicht die gleiche Religion haben, sind sie nicht nett zu den anderen.

JUSTIN R.: Aber Religionen bringen nicht immer nur Krieg. Auch in der Religion gibt es Gesetze, die sagen, dass man keine Kriege führen darf und dass man nett zu den anderen Menschen sein soll.

FRÉDÉRIC: Willst du damit sagen, dass die Religion manchmal zum Krieg führt, manchmal aber auch für Frieden sorgt?

JUSTIN R.: Nein, sie schafft keinen Frieden, aber in allen Religionen gibt es Frieden.

FRÉDÉRIC: Es gibt also Friedensbotschaften. Seid ihr damit einverstanden?

Allgemeine Zustimmung.

FRÉDÉRIC: Wie sehen die Friedensbotschaften der Religionen aus?

EINE STIMME: Du kannst für Frieden sorgen, wenn du betest.

TALIA: Ich denke, in allen Religionen gibt es immer Regeln und den Glauben, und beides bringt ein bisschen Frieden. In Thailand zum Beispiel sieht man überall auf den Straßen und in den Restaurants Buddhas, und die Leute beten und das bringt Frieden.

JUSTIN R.: Es gibt wirklich viele Friedensbotschaften in den Religionen, aber auch Todesbotschaften.

FRÉDÉRIC: Gib mir mal ein Beispiel für eine Friedensbotschaft.

JUSTIN R.: Du sollst die Menschen, die du verachtest, bewundern.

FRÉDÉRIC: »Bewundern«: Bist du sicher, das ist das richtige Wort?

JUSTIN R.: Lieben.

FRÉDÉRIC: Wo steht diese Botschaft geschrieben?

JUSTIN R.: Ich weiß nicht … in der Bibel.

Wenn man sagt,
Gott habe die Welt erschaffen,
ist das ein Glaube,
aber die Leute denken dann,
dass sie es wissen.

Talia (8 Jahre)

FRÉDÉRIC: Ja, in der Bibel. Die Botschaft besagt, dass man seine Feinde und diejenigen, die einem wehtun, lieben soll. Jesus sagt das in den Evangelien. Kennt jemand von euch noch eine andere Friedensbotschaft?

JUSTIN: Ich bin ein Siebenten-Tags-Adventist. Das ist eine christliche Gemeinschaft, in der man den siebten Tag zum Tag der Heiligkeit erklärt. Er fängt am Freitagabend an und geht bis Samstagabend. In der Kirche sind viele Kinder, die beten und Gott danken.

ALISSA: Ich bin Muslimin, und in Bosnien gibt es einen Stein, in den eine Friedensbotschaft eingeritzt ist.

FRÉDÉRIC: Erinnerst du dich daran, welche?

ALISSA: Nicht so genau. Meine Eltern sind vor allem muslimisch. Ich lerne nur ein paar Sachen.

ISAK: Ich bin nicht so religiös, aber meine Großmutter und mein Großvater sind es, und jeden Abend vor dem Essen danken sie Gott, dass sie etwas zu essen haben.

TALIA: Meine Mutter ist ein bisschen buddhistisch, sie macht Meditation.

FRÉDÉRIC: Ihr habt mehrere Aspekte der Religionen aufgezählt, die positiv sind: die Gebete, die Botschaften der Liebe. Jetzt erklärt mir bitte, warum Religionen auch zu Gewalt führen können.

ISAK: Gewalt entsteht, wenn die Leute zu zwei unterschiedlichen Religionen gehören.

FRÉDÉRIC: Ja, aber warum kommt es manchmal zu Gewalt?

ISAK: Weil sie wollen, dass alle dieselbe Religion haben.

SASHA: Es kommt zu Gewalt, weil die Religionen nicht einverstanden sind mit anderen Religionen.

ALISSA: Manchmal hält sich eine Religion für die beste und die anderen für falsch.

NICOLE: Ich glaube das auch. Krieg zwischen den Religionen entsteht, wenn die Anhänger einer Religion denken, dass sie besser sind als die anderen und alle Menschen an ihre Religion glauben sollen.

TALIA: Man kann sich immer über die Religion streiten. Wenn zwei Leute, die eine unterschiedliche Religion haben, zusammenarbeiten und dann über Religion reden, kann es passieren, dass sie sich streiten.

FRÉDÉRIC: Zum Schluss würde ich gern diejenigen zu Wort kommen lassen, die der Ansicht sind, dass durch Religionen eher Frieden als Krieg hervorgerufen wird und diejenigen, die das Gegenteil denken, dass Religionen nämlich eher Konflikte schüren als Frieden stiften.

JUSTIN: Das hängt von der Religion ab.

ALISSA: Es kommt auch auf die Zeit an.

JUSTIN: Das stimmt, weil es nämlich Religionen gibt, die jetzt Krieg führen, und früher haben sie das nicht getan, und dann gibt es Religionen, die früher Krieg geführt haben und heute Frieden wollen.

CLARA: Beides ist irgendwie richtig. Religionen machen manchmal Krieg und manchmal Frieden.

FRÉDÉRIC: Vorhin sagte jemand von euch, dass Religion auf dem Glauben beruht. Was ist das, ein Glauben?

LAURA: Zum Beispiel, wenn ein Katholik an Gott glaubt.

SASHA: Glaube kann heißen, dass Freitag, der 13. Unglück bringt.

BLANCHE: Der Glaube kann etwas sein, an das alle Leute in einem Land glauben. Aber die Leute in anderen Ländern haben nicht den gleichen Glauben.

KELAN: Es gibt Menschen, die glauben, dass Gott die Welt erschaffen hat, und andere, die denken, alles hat mit dem Urknall angefangen.

FRÉDÉRIC: Kann man beides miteinander vergleichen? Sind Religion und Wissenschaft wirklich gleich? Was ist der Unterschied zwischen Glauben und Wissen?

SASHA: Wenn du etwas glaubst, kannst du nicht wirklich sicher sein, dass es das gibt. Aber wenn du etwas weißt, kannst du sicher sein.

ALEXANDRE: Ich weiß, dass ich Füße habe, aber ich glaube an Außerirdische zum Beispiel.

ALISSA: Ja, du weißt, was du gesehen hast und was mit Sicherheit existiert. Und das, woran du glaubst, kann existieren, auch wenn du es vielleicht nicht gesehen hast.

KELAN: Ich weiß, dass es Bäume gibt, das ist sicher. Und ich glaube, dass Bäume Blüten haben, aber ich bin nicht sicher.

FRÉDÉRIC: Die Wissenschaft kommt aus dem Bereich des Wissens. Worauf stützt sie sich?

SASHA: Auf die Erfahrung.

ALICE: Auf Experimente. Tests.

ISAAC: Auf die Intelligenz.

CLARA: Das Denken.

FRÉDÉRIC: Eine wissenschaftliche Erkenntnis ist also etwas, über das sich die ganze Welt einig sein kann, weil dieses Wissen durch die Erfahrung bewiesen wurde. Seid ihr alle einverstanden?

STIMMEN: Ja.

TALIA: Aber es gibt wissenschaftliche Erkenntnisse, an die niemand glaubt.

FRÉDÉRIC: Du meinst, da gibt es Unstimmigkeiten?

Ich bin nicht sicher,
ob Gott existiert,
aber ich kann auch nicht behaupten,
dass es ihn nicht gibt.
Ich denke, dass man
in hundert Jahren
bestimmt Beweise
gefunden hat.

Ella (9 Jahre)

TALIA: Ja, sogar was wissenschaftliche Erkenntnisse betrifft.

FRÉDÉRIC: Gib mir ein Beispiel.

TALIA: Zum Beispiel glauben einige Leute, dass es den Urknall gegeben hat, und andere behaupten, dass Gott die Welt erschaffen hat.

FRÉDÉRIC: Aber meinst du, der Glaube, dass Gott die Welt erschaffen hat, ist eine wissenschaftliche Erkenntnis?

TALIA: Nein, aber die Leute, die das glauben, denken, die Wissenschaftler irren sich.

FRÉDÉRIC: Und wenn jemand sagt, Gott habe die Welt erschaffen, ist das dann Wissen oder Glauben?

TALIA: Das ist ein Glaube, aber die Leute denken dann, dass sie es wissen.

IST ES BESSER, STERBLICH ODER UNSTERBLICH ZU SEIN?

Ich habe zwei Kurse zum Thema Tod gegeben, bei denen mehrere Fragen zur Sprache kamen, vor allem darüber, was nach dem Tod passiert. Am fruchtbarsten aus philosophischer Sicht ist eine solche Diskussion dann, wenn die Kinder die Frage beantworten sollen, ob es besser wäre, unsterblich zu sein statt sterblich. Ich muss zugeben, es überraschte mich, dass die Mehrzahl der Kinder für die Sterblichkeit plädierte, und dass sie darüber hinaus mit einer verblüffenden Heiterkeit über ihren eigenen Tod sprachen – ein Thema, von dem man meint, es wäre mit Kindern nicht unbedingt leicht zu erörtern. Vielleicht kann dies auch anregend für manchen Erwachsenen sein, der das Thema Tod eher meidet und sich lieber unsterblich wüsste.

Ich führe hier Auszüge aus einem Kurs an, den ich an der öffentlichen Schule L'Orée du Bois in Mouans-Sartoux gehalten habe.

FRÉDÉRIC: Wäre es besser, unsterblich statt sterblich zu sein?

STIMMEN: Ja.

ANDERE STIMMEN: Nein.

FRÉDÉRIC: Einige sagen ja, andere nein. Begründet eure Ansicht.

LÉA: Ich würde sagen, es ist besser, sterblich zu sein, weil man, wenn man unsterblich wäre, weder Kind noch Jugendlicher, Erwachsener oder alt sein würde, und das wäre schade.

PÉNÉLOPE: Es ist besser sterblich zu sein, denn wenn niemand sterben würde, aber immer mehr Menschen geboren würden, dann gäbe es wirklich zu viele Menschen auf der Welt.

ANTOINE: Ich denke auch, es ist besser, wenn man stirbt. Wenn wir unsterblich wären, hätten wir irgendwann alles auf der Welt gesehen und wüssten nicht, was wir danach noch machen sollten.

ÉLINE: Wenn wir unsterblich wären, würde sich die Welt nicht weiterentwickeln, weil immer dieselben Leute auf der Welt wären, die sich nicht ändern würden und dann gäbe es keinen Fortschritt.

PAUL: Ich weiß nicht so recht. Es wäre schön, unsterblich zu sein, damit man nie von den Menschen getrennt wird, die man liebt, zum Beispiel von der Familie. Ich bin aber auch einverstanden mit Léa, wenn sie sagt, es ist gut, dass man groß wird und sich weiterentwickelt, von der Kindheit bis zum Alter.

CHIARA: Ich denke, es ist besser, wenn man stirbt, aber erst, wenn man alt ist. Ich kannte mal ein kleines Mädchen, das ist mit fünf Jahren gestorben, und es ist traurig, wenn man so jung stirbt.

MÉLINA: Ich finde nicht, dass man unsterblich sein muss. Wenn man mit einer schweren Krankheit geboren wird und dann nicht sterben kann, muss man die ganze Zeit leiden.

PAUL: Das stimmt, und wenn man zum Beispiel Eltern hat, die sich immer streiten, dann würden sie sich, wenn sie unsterblich wären, bis in alle Ewigkeit streiten!

Lachen.

EVA: Wenn man unsterblich wäre, könnte man nicht entscheiden zu sterben, wenn man das will. Die unglücklichen Leute würden dann immer unglücklich bleiben.

FRÉDÉRIC: Abgesehen von Paul, der den Verlust unserer Liebsten angesprochen hat, habe ich bisher nur Argumente für die Sterblichkeit gehört. Steht eure Meinung fest, oder gibt es noch andere Argumente, die für die Unsterblichkeit sprechen würden?

EVA: Der Vorteil der Unsterblichkeit wäre, dass man keine Angst mehr vor dem Tod oder vor einer schweren Krankheit oder einem Unfall haben müsste. Man hätte auf einmal gar keine Angst mehr.

Da wir nicht unsterblich sind,
haben wir mehr vom Leben.

Madeleine (9 Jahre)

Auf die gleiche Frage sollten auch die Kinder der privaten Grundschule Fénelon im 8. Arrondissement in Paris antworten. Trotz einiger Unterschiede war ich dennoch überrascht, wie ähnlich die meisten Kinder argumentierten – und das, obwohl sie aus ganz unterschiedlichen sozialen Schichten kamen.

COLOMBE: Es wäre besser, wenn wir unsterblich wären, denn dann könnten wir mehr Sachen machen und hätten die Menschen, die wir gernhaben, immer um uns herum.

VICTORIA: Wenn wir unsterblich wären, würden auch die Urmenschen noch leben, und dann könnten sie uns erzählen, was vor uns passiert ist.

CAMILLE: Ich sehe das nicht so wie du. Im Gegenteil, es ist besser, sterblich zu sein, weil wir uns nie entwickelt hätten, wenn wir unsterblich wären, wir wären dann noch immer genauso wie die Urmenschen.

MADELEINE: Es ist besser, sterblich zu sein, denn man hat mehr vom Leben, wenn man weiß, dass man sterben muss. Ich zum Beispiel würde gern mal nach Amerika. Wäre ich unsterblich, würde ich mir sagen: Ich fahre in hundert Jahren hin, egal, ich würde sowieso noch leben. Aber da wir nicht unsterblich sind, haben wir mehr vom Leben.

FRÉDÉRIC: Man lebt intensiver?

MADELEINE: Ja.

VIOLETTE: Man könnte immer wieder anfangen zu leiden, ohne je sterben zu können, also würde man sein ganzes Leben lang leiden. Ich mag das nicht.

ALICE: Wenn wir unsterblich wären, könnte es passieren, dass wir uns langweilen. Aber so … genießen wir das Leben mehr.

ELLIOT: Ich denke, es ist besser, sterblich zu sein, denn wenn wir immer mehr Kinder bekommen würden, gäbe es irgendwann keinen Platz mehr auf der Erde.

VICTORIA: Es wäre schön, unsterblich zu sein, aber nur, wenn immer Frieden wäre.

CASTILLE: Ich bin der gleichen Meinung wie Alice und Jeanne. Wenn man alles gemacht hat, hat man auf einmal genug davon. Und wenn man die ganze Zeit irgendwas tun würde, ganz egal, was, denn man hätte ja keine Angst zu sterben, würde auf der ganzen Welt ein einziges Durcheinander herrschen. Und ich finde, in einer Geschichte sollte es immer einen Anfang und ein Ende geben. Sobald man geboren wird, ist man ganz und gar glücklich und lebt ein Leben voller Abenteuer, aber irgendwann kommt der Moment, da ist man erschöpft. Dann ist es gut, wenn es aufhört.

JEAN: Ich finde auch, es ist gut, sterblich zu sein, denn sonst gäbe es die Dinosaurier immer noch.

EINE STIMME: Eigentlich wäre es toll, unsterblich zu sein, dann könnten wir auf den Dinosauriern reiten.

Lachen.

VICTORIA: Es wäre schön, unsterblich zu sein, weil man alles machen könnte, was man will.

VIOLETTE: Ich verstehe nicht, warum du das sagst, Victoria.

VICTORIA: Man könnte machen, was man will: essen, schlafen, lesen, reisen …

VIOLETTE: Aber das machen wir doch schon.

VICTORIA: Ja, aber wir müssten auf einmal nicht mehr zur Schule gehen und könnten machen, was wir wollen.

CÉLESTE: Ja, aber wenn man kein gutes Leben hat, hat man kein Haus, man ist unglücklich und kann nicht sterben, das wäre nicht gut.

LUCILLE: Man sagt oft, dass es gut ist, unsterblich zu sein.

Aber ich glaube, es wäre ermüdend. Man stelle sich mal vor, dass jemand herausfindet, wie man unsterblich wird, das würde das Werk Gottes zerstören, denn alles würde durcheinandergeraten. Das wäre wirklich nicht gut.

Es ist besser, wenn man stirbt.
Wenn wir unsterblich wären,
hätten wir irgendwann
alles auf der Welt gesehen
und wüssten nicht,
was wir danach noch
machen sollten.

Antoine (11 Jahre)

HUGO: Aber nein, es würde ja immer noch die Polizisten geben.

ALICE: Ich sehe das auch so wie Madeleine: Wenn man weiß, dass man sterben muss, hat man mehr vom Leben. Man sagt sich so, dass man es genießen muss, solange man lebt. Zum Glück sind wir sterblich!

HAT DAS LEBEN EINEN SINN?

Ich habe drei Kurse zu dieser Frage gehalten. Hier werde ich den Kurs an der Grundschule La Découverte in Genf mit Kindern zwischen neun und elf Jahren fast vollständig wiedergeben. Die reifen Antworten der Kinder verweisen nicht nur auf den kulturell privilegierten Hintergrund, aus dem die Kinder kommen, sondern auch auf die Tatsache, dass diese Kinder seit mehreren Jahren wöchentlich einen Philosophiekurs haben. Das Ergebnis ist äußerst ermutigend. Trotz der zum Teil noch unklaren Ausdrucksweise der Kinder konnte ich erahnen, wie sie sprechen werden, wenn sie erst etwas älter sind.

FRÉDÉRIC: Hat das Leben einen Sinn?

ANEESH: Ja, das Leben hat einen Sinn: Wir bewegen uns auf den Tod zu.

Lachen.

Das Leben hat einen Sinn,
weil wir Freunde haben,
eine Familie, Cousins,
Menschen, mit denen wir Dinge teilen.
Ansonsten hat es keinen Sinn.
Das Leben hat nur Sinn,
wenn man glücklich ist.

Amin (8 Jahre)

ALICE 1: Für mich liegt der Sinn des Lebens nicht in der Richtung, in die wir uns bewegen, sondern eher im Wert. Wenn man zum Beispiel einem anderen hilft, wenn man jemandem eine Freude bereitet, dann bekommt das Leben einen Sinn.

SARLA: Ich bin einverstanden mit Alice, was den Wert angeht. Für mich liegt der Sinn des Lebens eher in der Frage: Wozu lebt man? Das Leben ist dafür da, dass man etwas lernt.

JACOB: Ich sehe das so wie Aneesh und Alice: Es geht um die Richtung *und* um den Wert. Aber ich glaube, der Tod gehört genauso zum Leben.

VESNA: Ich denke, das Leben hat nicht wirklich einen Sinn, trotzdem kann man mehr oder weniger voraussagen, in welche Richtung es gehen wird. Viele Dinge sind vorherbestimmt und können von Kartenlegern vorausgesagt werden.

FRÉDÉRIC: Glaubst du, jeder Mensch hat sein eigenes Schicksal?

VESNA: Auf jeden Fall. Man kann nicht alles wissen, aber es gibt Richtungen, die man voraussagen kann. Das heißt jedoch nicht, dass das Leben deshalb einen Sinn hat.

ALICE 1: Ich sehe das anders als du, Vesna. Das Leben hat auf jeden Fall einen Sinn, denn es ist nichts vorherbestimmt und man kann so oder so sein Leben verbringen, je nachdem, welche Werte man hat. Aber ich bin der gleichen Meinung wie Aneesh und Jacob: Das Leben steuert auf den Tod zu und der Tod gehört zum Leben dazu.

ADRIEN: Für mich gibt es nur zwei Momente, über die man nicht selbst entscheiden kann: Wenn man auf die Welt kommt und wenn man die Welt wieder verlässt. Aber zwischen Geburt und Tod ist man frei.

FRÉDÉRIC: Willst du damit sagen, dass es keinen vorherbestimmten Sinn im Leben gibt, sondern dass jeder sein Leben so führen kann, wie er möchte?

ADRIEN: Ja, für uns alle sind der Anfang und das Ende gleich. Und dazwischen hat jeder die Freiheit, in diese oder eine andere Richtung zu gehen.

FRÉDÉRIC: Einverstanden, aber würdest du sagen, dass das Leben dazwischen irgendeinen Sinn hat, also einen Wert, wie Alice sagt?

ADRIEN: Ja.

FRÉDÉRIC: Was heißt es demnach für dich, dem Leben einen Sinn zu geben?

ADRIEN: Menschen zu helfen, glücklich zu machen, Gutes zu tun.

ALICE 2: Ich denke nicht, dass man sagen kann, das Leben hat einen Sinn. Wenn man mich nach dem Sinn des Lebens fragt, verstehe ich die Frage so, dass man nach einem Grund sucht, warum man lebt. Ich glaube, es gibt keinen Grund. Ansonsten frage ich mich, warum es Menschen gibt, die vor Hunger sterben, und andere, die so viel Geld haben, dass sie nicht wissen, was sie damit anstellen sollen. Ich denke, das Leben hat keinen Grund, aber dass jeder Mensch seinem Leben einen Sinn geben kann, indem er es so oder anders gestaltet, je nachdem, was man für Werte hat, wie Alice gesagt hat.

VESNA: Ich denke trotzdem, dass man nicht so frei ist und dass es so etwas wie ein Schicksal gibt.

FRÉDÉRIC: Du hältst an deiner Idee fest, Vesna! Was ist das Schicksal für dich?

VESNA: Ich weiß nicht genau, wie ich das erklären soll. Wenn es zum Beispiel dein Schicksal ist, auf eine bestimmte Art zu sterben, können die Ärzte zwar versuchen, dein Leben zu verlängern, aber das wird nichts nützen, weil es eben dein Schicksal ist, so zu sterben.

GIADA: Aber selbst wenn es dein Schicksal ist, an einer bestimmten Krankheit zu sterben, kann es sein, dass die Ärzte es schaffen, dich zu retten und dir ein Medikament zu geben, mit dem du länger lebst, dann hat es doch etwas genützt.

ALICE 1: Wie Adrien gesagt hat, wir sind frei. Ob das Leben nun Sinn hat oder nicht. Wenn du dich für etwas entscheidest, das Sinn hat, wird dein Leben sinnvoll sein. Wenn du ihm aber keinen Sinn gibst, wird dein Leben eben auch keinen Sinn haben.

FRÉDÉRIC: Jeder gibt seinem Leben also selbst Sinn oder auch nicht?

ALICE 1: Ja, wir sind ganz frei. Vesna, ich glaube nicht, dass alles vorherbestimmt ist und dass wir ein Schicksal haben. Abgesehen vom Ende. Aber zwischendrin sind wir frei. Odysseus zum Beispiel kehrt nach Hause zurück. Vielleicht ist es sein Schicksal, aber vorher passieren ihm eine Menge Abenteuer und er ist frei, dieses oder jenes zu tun.

ANEESH: Das stimmt. Unser Schicksal ist es zu sterben. Wir wissen, dass unser Leben so endet. Aber wir können frei entscheiden, wie wir sterben. Wenn jemand auf einem Schlachtfeld stirbt, ist es seine Entscheidung zu kämpfen und das Risiko einzugehen, dass er sterben kann.

SARLA: Ich sehe das nicht ganz so wie du, denn wie du stirbst, kannst du vielleicht manchmal mitentscheiden, aber manchmal entscheiden auch andere darüber. Wenn du zum Beispiel bei einem Attentat stirbst, hast du keine Wahl. Man kann es sich also nicht immer aussuchen.

MANON: Ich möchte etwas zu dem sagen, was Alice und Vesna gesagt haben. Wir haben nicht unbedingt ein Schicksal, wie Alice meint. Denn wenn ich zum Beispiel im Auto sitze und einen Unfall habe, treffe ich vielleicht hinterher jemanden im Krankenhaus, den ich heiraten werde ... Wenn ich also nicht losgegangen und in mein Auto gestiegen wäre, wäre mir das nicht passiert.

ELLA: Ich denke auch, dass du dir, wenn du an das Schicksal glaubst, sagst: Es lohnt sich nicht, dass die Ärzte sich abmühen, wenn es doch vom Schicksal vorherbestimmt ist, dass man stirbt. Man tut also nichts mehr, um die Dinge zu ändern oder den Leuten zu helfen, wenn man an das Schicksal glaubt und daran, dass alles vorherbestimmt ist.

FRÉDÉRIC: Wie denkst du darüber?

ELLA: Dass man die Wahl hat und dass nichts vorherbestimmt ist.

ALICE 2: Ich bin einverstanden mit dir, Ella. Und wenn es für dich, Vesna, keinen Sinn hat, eine Krankheit zu überleben, wenn es sowieso klar ist, dass du stirbst, wenn es also keinen Sinn hat zu überleben, dann hat es ebenso wenig Sinn zu leben. Ich persönlich glaube, dass in unserem Leben nichts vorherbestimmt ist. Alles hängt von uns selbst ab. Aber auch von unserem Glauben. Vielleicht gibt es Leute, die an das Schicksal glauben, und ebenfalls solche, die nicht daran glauben. Jeder hat seine eigene Ansicht und ich denke, dass man letztlich keine Antwort auf die Frage finden kann.

FRÉDÉRIC: Was für eine Philosophin, Alice!

Das Leben hat einen Sinn,
weil man manchmal nicht bekommt,
was man haben will,
aber dafür bekommt man etwas,
das noch besser ist.
Im Leben hat man immer
eine zweite Chance.

Ayoub (9 Jahre)

SALMA: Ich denke das Gleiche wie Manon, weil es im Film immer eine Figur gibt, die arm ist und dann eine Entscheidung trifft, zum Beispiel, nach links zu gehen, und deshalb den Star rettet und zum reichsten Menschen der Welt wird. Wenn er sich aber nicht so entschieden hätte, wäre sein Leben ganz anders verlaufen. Man hat also immer die Wahl.

LOÏC: Ich glaube auch nicht, dass wir ein Schicksal haben.

FRÉDÉRIC: Warum?

LOÏC: Wenn wir ein Schicksal hätten, zum Beispiel eine Krankheit zu bekommen und wir denken, dass wir sterben müssen, und wenn die Ärzte plötzlich ein Medikament entdecken, das uns heilt, dann ändert sich unser Schicksal.

FRÉDÉRIC: Vesna, möchtest du zu dem, was über das Schicksal gesagt wurde, etwas hinzufügen? Hast du deine Meinung ein wenig geändert?

VESNA: Ich persönlich glaube nicht an Glück. Viele sagen, dass man, um ein Star zu werden, Glück braucht. Aber ich denke nicht, dass es etwas mit Glück zu tun hat, sondern viel mehr mit Arbeit. Es ist vielleicht unser Schicksal, aber Glück gibt es nicht.

ACHRAF: Ich bin nicht einverstanden mit dir. Wenn du draußen zufällig eine Münze findest, sagst du ja nicht: »Ich habe sie gefunden, weil ich mir die Karten habe legen lassen«, sondern du sagst: »Ich habe das Glück gehabt, diese Münze zu finden.«

FRÉDÉRIC: Vesna, bist du einverstanden damit, dass man durchaus ab und zu Glück haben kann?

VESNA: Nein, das glaube ich nicht.

GIADA: Es gibt viele Leute, die hart gearbeitet haben, um ein Star zu werden, es aber dennoch nicht geschafft haben. Und dann gibt es welche, die weniger getan haben, die es aber trotzdem geschafft haben. Vielleicht, weil sie wiederum Leute kannten, die ihnen geholfen haben. Das nenne ich schon irgendwie Glück.

MARGOT: Ich glaube an beides, was Vesna und Achraf

sagen. Wenn du eine Klassenarbeit gut machst, ist es, weil du hart gearbeitet hast. Aber wenn du auf dem Boden eine Münze findest, hast du einfach Glück, wie Achraf sagt.

FRÉDÉRIC: Zum Schluss möchte ich euch noch eine Frage stellen. Alice hat gesagt, das Leben hat nicht unbedingt einen Sinn, aber jeder von uns kann seinem Leben einen Sinn geben. Ich würde gern wissen, welchen Sinn ihr eurem Leben geben möchtet.

GIADA: Das erste, was mir einfällt, ist, dass ich im Leben Spaß haben möchte.

Lachen.

SALMA: Ich möchte meinem Leben nicht unbedingt einen Sinn geben, ich möchte die Dinge einfach so annehmen, wie sie kommen, und versuchen, sie zu meistern. Jedes wichtige Ereignis, das dir passiert, ist wie eine Tür, und wenn du durch sie hindurchgegangen bist, ändert sich dein Leben. Ich möchte einfach nur durch diese Türen hindurchgehen und dann werde ich schon sehen, was ich machen möchte.

ACHRAF: Ich sehe das genauso wie Salma. Ich möchte gar nicht wissen, was mir im Leben passieren wird. Ich bin einfach nur glücklich, dass ich auf der Welt bin.

SARLA: Für mich heißt dem Leben einen Wert geben, wenn man zufrieden ist, wenn die Welt zufrieden ist und wenn man bekommt, was man im Leben haben möchte.

JACOB: Ich möchte gern Forscher werden, weil ich die Wissenschaft toll finde und weil ich die Menschen glücklich machen möchte.

FRÉDÉRIC: Wolltest du noch etwas sagen, Sarla?

SARLA: Ja, ich möchte etwas tun für die Welt, anstatt dass ich reich und glücklich bin und die Leute dann etwas gegen mich haben. Ich wäre lieber arm und würde andere glücklich machen, sodass ich mir sagen kann, dass ich für andere nützlich gewesen bin.

GIADA: Ich möchte nicht unbedingt nützlich sein für andere. Das ist nicht mein Lebensziel. Da habe ich lieber Spaß!

Lachen.

FRÉDÉRIC: Wenigstens hast du eine klare Ansicht. Zum Schluss kommt noch Alice zu Wort.

ALICE 2: Wenn ich die Wahl hätte, würde ich studieren, meinen Traumjob finden und die Liebe meines Lebens … und glücklich sein!

Wenn man mich
nach dem Sinn des Lebens fragt,
verstehe ich die Frage so,
dass man nach einem Grund sucht,
warum man lebt.
Ich glaube, es gibt keinen Grund.
Ansonsten frage ich mich,
warum es Menschen gibt,
die vor Hunger sterben,
und andere, die so viel Geld haben,
dass sie nicht wissen,
was sie damit anstellen sollen.

Ich denke, das Leben
hat keinen Grund,
aber dass jeder Mensch
seinem Leben einen Sinn geben kann,
indem er es so oder anders gestaltet,
je nachdem, was man für Werte hat.

Alice (9 Jahre)

WAS IST EIN ERFÜLLTES LEBEN?

Dieselbe Frage nach dem Sinn des Lebens habe ich dieses Mal Kindern im Alter von sieben bis acht Jahren an der öffentlichen Grundschule von Brando im Norden Korsikas gestellt. Ich habe sie noch ergänzt durch die Frage: Was ist ein erfülltes Leben? Auf diese Weise kann man über die Werte sprechen, die als Grundlage einer Lebensethik dienen, über das, was unserem Leben einen Sinn gibt.

FRÉDÉRIC: Hat das Leben eurer Meinung nach einen Sinn?

ANTOINE 1: Der Sinn des Lebens ist zum Beispiel, wenn man etwas teilt.

JULIEN: Der Sinn des Lebens ist, zusammenzuleben.

FRÉDÉRIC: Sehr gut, aber was heißt das, dass das Leben einen Sinn hat?

JULIEN: Ich weiß nicht, wie ich das erklären soll …

FRÉDÉRIC: Ich fände es schön, wenn ihr versuchen würdet, die richtigen Worte zu finden. Wenn man sagt, dass das Leben einen Sinn hat, was bedeutet das?

MATHIS: Die Freundlichkeit zurückgeben, die wir bekommen.

FRÉDÉRIC: Das ist auch ein Beispiel: zusammenleben, freundlich sein, teilen … Aber was heißt das?

EINE STIMME: Freunde finden.

FRÉDÉRIC: Ja, aber das ist auch etwas Konkretes.

ANTOINE 2: Also der Sinn, das ist doch das Wichtigste?

FRÉDÉRIC: Dem Leben einen Sinn geben bedeutet also, herauszufinden, was das Wichtigste ist, ja?

ANTOINE 2: Ja.

FRÉDÉRIC: Seid ihr damit einverstanden, dass dem Leben einen Sinn zu geben bedeutet, festzulegen, was am wichtigsten ist?

STIMMEN: Ja.

FRÉDÉRIC: Jetzt, nachdem ihr das gesagt habt, sagt mir bitte, was für euch das Wichtigste ist.

ANTOINE 1: Eine Familie zu haben.

JULIEN: Ich habe es schon gesagt: gut zusammenzuleben.

LOU: Spaß zu haben.

LUANA: Gesundheit.

FRÉDÉRIC: Willst du damit sagen, dass der Sinn deines Lebens darin besteht, gesund zu sein?

TÉO: Nein. Man kann auf der Straße leben, unglücklich sein, aber gesund.

NATUREL: Ich finde, der Sinn des Lebens ist die Familie.

FRÉDÉRIC: Schlussendlich seid ihr alle damit einverstanden, dass der Sinn des Lebens davon abhängt, was am wichtigsten ist. Kann das Wort Sinn noch etwas anderes bedeuten?

ANTOINE 1: Ja, wenn ich zum Beispiel alles auf den Kopf stelle, ergibt es einen anderen Sinn.

CAMILLE: Ein Satz hat einen Sinn.

FRÉDÉRIC: Ganz genau! Und was heißt das, ein Satz hat einen Sinn?

CAMILLE: Das heißt, man sagt nicht irgendetwas. Denn wenn man die Wörter verdreht, ergibt es keinen Sinn mehr.

FRÉDÉRIC: Es ist unabdingbar, dass die Wörter an ihrem Platz sind, damit der Satz einen Sinn bekommt. Ein Satz, der einen Sinn hat, ist ein Satz, der etwas bedeutet. Kann man auch sagen, dass das Leben eine Bedeutung hat?

ANTOINE 1: Die Bedeutung des Lebens ist es, nett zu sein und großzügig und niemandem wehzutun.

MATHIS: Glücklich zu sein …

FRÉDÉRIC: Glücklich zu sein! Seid ihr einverstanden?

JULIEN: Ja und nein.

FRÉDÉRIC: Warum?

JULIEN: Es stimmt, dass man glücklich sein möchte, dass man tut, was man gern mag, aber man muss auch ernst sein und an die anderen denken.

FRÉDÉRIC: Der Sinn des Lebens, was am wichtigsten und was von Bedeutung ist, heißt also, glücklich zu sein, Spaß zu haben, aber auch, an die anderen zu denken und zu teilen?

Allgemeine Zustimmung.

LOU: Ich habe da eine Frage, die ich schon öfter meinem Vater gestellt habe, aber er hat mir nicht geantwortet. Warum leben wir?

FRÉDÉRIC *(lacht)*: Hat jemand von euch eine Antwort darauf? Warum leben wir?

Keine Reaktion.

FRÉDÉRIC: Ich werde die Frage anders formulieren: Was ist eurer Meinung nach ein gelungenes Leben? Wann würde man sagen, dass ein Mensch ein gutes Leben geführt hat?

ANTOINE 2: Wenn jemand lange gelebt hat.

FRÉDÉRIC: Wer ist nicht einverstanden mit Antoine?

THOMAS: Ich sehe das nicht so wie Antoine.

FRÉDÉRIC: Begründe deine Meinung. Warum bist du nicht einverstanden damit, dass lange zu leben bedeutet, ein gelungenes Leben zu haben?

THOMAS: Man kann lange leben, aber andauernd krank sein.

CHIARA: Ich denke auch etwas anders als Antoine, weil einem ein Unglück passieren kann oder man Probleme bekommt und dann gelingt das Leben nicht so, wie wir es uns gewünscht haben.

FRÉDÉRIC: Was heißt das, ein gelungenes Leben zu haben?

CHIARA: Für mich bedeutet es, dass ich in meinem Leben alles machen kann, was ich gerne machen würde, dass ich meine Pläne umsetze.

JULIEN: Für mich heißt es, das zu tun, worauf ich Lust habe, zum Beispiel den Beruf auszuüben, der mir gefällt.

ANTOINE 1: Für mich heißt ein gelungenes Leben, den Beruf zu haben, den ich haben möchte, aber auch, nicht gewalttätig oder böse zu sein, sondern nett.

LOU: Für mich heißt ein gelungenes Leben, viel Geld zu haben, um meine Rechnungen bezahlen und meine Kinder ernähren zu können.

FRÉDÉRIC: Nun, Antoine, du hast gehört, was alles gesagt wurde. Meinst du immer noch, dass ein Leben dann gelungen ist, wenn es lang ist, oder hast du deine Meinung geändert?

ANTOINE 2: Ich habe meine Meinung geändert. Es bedeutet auch, nett zu den Menschen zu sein und nichts von anderen zu klauen.

FRÉDÉRIC: Wer hat noch nichts gesagt?

ROMAISSA: Bei meinen Eltern zu leben und Geld zu haben, um denen zu helfen, die etwas brauchen.

NATUREL: Das zu tun, was man liebt.

LUANA: Für mich heißt ein gelungenes Leben irgendwie alles, was gesagt wurde, aber vor allem, mehr Glück zu haben als Unglück.

FRÉDÉRIC: Meint ihr, man braucht viel Geld, um ein gelungenes Leben zu haben?

Allgemeines »Nein«.

FRÉDÉRIC: Warum?

CAMILLE: Es gibt ein Sprichwort, das sagt, dass Geld allein nicht glücklich macht.

FRÉDÉRIC: Denkst du, das stimmt?

Camille nickt.

FRÉDÉRIC: Warum?

CAMILLE: Ich weiß nicht.

CHIARA: Man hat vielleicht nicht viel Geld, aber trotzdem ein gelungenes Leben, zum Beispiel, wenn man den Beruf hat, den man liebt. Man braucht bestimmt nicht viel Geld, um glücklich zu sein.

JULIEN: Ja, aber wenn du viel Geld verdienst, wenn du zum Beispiel Fußballspieler wirst, dann kannst du das Geld den Leuten geben, die arm sind.

Ich denke, man hat dann ein gelungenes Leben, wenn man viele Sachen gemacht hat, die einen glücklich machen.

Mariem (8 Jahre)

LOU: Wenn ich reich wäre, würde ich unglücklich sein.

FRÉDÉRIC: Warum?

LOU: Weil es, wie Luana sagt, viele Menschen gibt, die arm sind und kein Geld haben und nichts zu essen und wenn ich dann reich wäre und ganz viele Sachen machen könnte, würde mich das unglücklich machen.

NATUREL: Ich denke, man kann arm sein und trotzdem ein gutes Leben haben und glücklich sein.

THÉO: Ich möchte nicht unbedingt Milliardär werden, denn wenn du dir alle deine Wünsche erfüllt hast, was nützt dir dann das Geld?

THOMAS: Ich glaube, man muss schon Geld haben, aber nur so viel, wie man wirklich zum Leben braucht, denn es nützt gar nichts, zu reich zu sein. Es gibt arme Leute, die kein Geld haben, aber trotzdem glücklich sind, dass sie leben, solange sie genug zu essen haben. Man braucht nur so viel Geld, um normal leben zu können.

Den zweiten Kurs – mit den gleichen Fragen, nur in umgekehrter Reihenfolge – habe ich an der Grundschule Saint-Charles im Brüsseler Stadtteil Molenbeek mit Kindern zwischen acht und elf Jahren, von denen viele einen Migrationshintergrund haben, abgehalten.

FRÉDÉRIC: Was ist ein gelungenes Leben?

ZEKERIYA: Wenn man etwas machen möchte und es auch schafft, dann ist das Leben gelungen.

MARIEM: Ich denke, man hat dann ein gelungenes Leben, wenn man viele Sachen gemacht hat, die einen glücklich machen.

AMIN: Für mich bedeutet ein erfülltes Leben, wenn man jemand Gutes ist, der niemandem wehtut, der den Menschen hilft, die leiden, und die versöhnt, die sich streiten. Das ist ein gelungenes Leben.

HASSAN: Ich bin nicht einverstanden mit dir, Amin, weil ein Leben nicht nur dann gelungen ist, wenn man Gutes macht und anderen hilft, sondern dann, wenn man selbst auch glücklich ist im Leben.

FRÉDÉRIC: Du bist also eher der Meinung wie Mariem, das heißt, man hat dann ein gelungenes Leben, wenn man glücklich ist. Wer denkt auch so, und wer ist eher der Ansicht Amins, dass ein Leben dann gelungen ist, wenn man gut handelt und anderen hilft?

MAROUA: Das widerspricht sich doch nicht. Wenn man andere tröstet oder bei der Versöhnung hilft, also wenn die anderen glücklich sind, dann ist man doch selbst auch glücklich!

ADAM: Ich denke, ein Leben ist dann gelungen, wenn man all das gemacht hat, was man machen wollte.

AMIN: Ja, aber wenn du schlimme Sachen machen wolltest und sie gemacht hast, ist das nicht gut. Dann ist dein Leben nicht gelungen.

FRÉDÉRIC: Wie denkst du darüber, Adam?

ADAM: Er hat recht.

HASSAN: Ich bin auch einverstanden.

FRÉDÉRIC: Gibt es jemanden, der das anders sieht? Der sagt, es ist nicht wichtig, ob man Gutes oder Schlechtes tut?

ADAM: Nein, man darf niemals etwas Schlechtes tun.

FRÉDÉRIC: Glaubst du denn, es ist möglich, niemals etwas Schlechtes zu tun?

ADAM: Nein.

AMIN: Man kann erst etwas Schlechtes tun und dann etwas Gutes. Wichtig ist, man geht in die richtige Richtung. Und wenn man schlechte Sachen macht, ohne dass man es wollte, ist es nicht so schlimm, aber wenn man sie absichtlich macht … dann schon.

FRÉDÉRIC: Du sagst etwas sehr Wichtiges: Was zählt, ist die Absicht, mit der wir etwas tun. Wenn wir schlimme Sachen machen, aber unabsichtlich, dann ist das weitaus weniger schlimm, als wenn wir sie absichtlich machen.

STIMMEN: Ja.

MARIEM: Vielleicht haben wir schlimme Sachen gemacht, ohne zu wissen, dass sie schlecht waren. Also selbst wenn wir sie gemacht haben, ist das nicht so schlimm. Aber wenn jemand weiß, dass er etwas Schlimmes tut und weitermacht, weil er Freude daran hat, dann ist das schlimm.

FRÉDÉRIC: Was ihr da sagt, ist einer der moralischen Grundpfeiler des Lebens. Ihr seid richtige kleine Philosophen! Ich fasse einmal zusammen: Ihr habt gesagt, ein gelungenes Leben bedeutet, das getan zu haben, was man gern tut, glücklich zu sein, andere glücklich zu machen oder ihnen zu helfen. Gibt es noch andere Dinge?

MAROUA: Ein Leben ist dann gelungen, wenn man zum Beispiel davon träumt, irgendwohin zu gehen und seine Mama um Erlaubnis fragt und sie dann »Ja« sagt und es auch passiert.

FRÉDÉRIC: Ein Leben ist dann gelungen, wenn man sich seine Träume erfüllt?

SALMA: Ja.

ADAM: Ich finde, was ich vorhin gesagt habe, dass ein Leben dann gelungen ist, wenn man alles gemacht hat, was man machen wollte, stimmt doch nicht, weil man sich sonst langweilt.

AMIN: Monsieur Frédéric, ich habe ein gelungenes Leben: Ich habe einen Papa und eine Mama!

MARIEM: Weil unsere Familie immer für uns da ist, auch wenn wir nicht immer für sie da sind, aber sie, sie ist immer für uns da.

AMIN: Ja, weil wir eine Familie haben, haben wir auch Liebe.

FRÉDÉRIC: Wollt ihr sagen, dass ein Leben dann gelungen ist, wenn man erfahren hat, was Liebe ist?

VIELE STIMMEN: Ja.

FRÉDÉRIC: Ist das für jemanden von euch nicht so wichtig?

HASSAN: Manchmal ja, manchmal nein.

FRÉDÉRIC: Was willst du damit sagen?

HASSAN: Manchmal gibt es Familien, die ihre Kinder lieben, manchmal gibt es Familien, die ihre Kinder nicht lieben. Es gibt Mamas, die keine Lust haben, sich um ihre Kinder zu kümmern.

FRÉDÉRIC: Du meinst, eine Familie heißt nicht zwangsläufig gleich Liebe?

Hassan nickt.

FRÉDÉRIC: Aber du bist einverstanden, wenn wir sagen, dass die Liebe das Wichtigste ist?

HASSAN: Ja.

Für mich bedeutet ein erfülltes Leben,
wenn man jemand Gutes ist,
der niemandem wehtut,
der den Menschen hilft,
die leiden, und die versöhnt,
die sich streiten.
Das ist ein gelungenes Leben.

Amin (9 Jahre)

MARIEM: Wenn man Liebe bekommt, ist das gut, aber wenn man keine bekommt … naja, das ist nicht so schlimm, weil man vielleicht noch adoptiert wird. Vielleicht bekommt man die Liebe von den Eltern, die uns adoptierten.

AMIN: Aber wenn man adoptiert wird hat man Eltern, die uns nicht lieben. Also machen wir gute Sachen und sie fangen an zu lieben, was wir machen, und dann bekommen wir dadurch auch Liebe.

FRÉDÉRIC: Welche andere Erfahrung brauchen wir noch, um ein gelungenes Leben zu haben?

MAROUA: Freunde haben. Wenn man keine hat, fühlt man sich einsam und wird traurig. Aber wenn man einen Freund hat, ist man glücklich.

FRÉDÉRIC: Ich habe noch eine andere Frage: Hat das Leben für euch einen Sinn?

MARIEM: Ich glaube, es hat einen Sinn, aber ich kann das nicht so gut erklären.

AMIN: Es gibt einen Sinn im Leben, denn wenn nicht, warum sind wir dann hier?

Lachen.

RAYAN: Wenn das Leben keinen Sinn hätte, würden wir nicht leben.

AYOUB: Ich sage, das Leben hat einen Sinn, weil man manchmal nicht bekommt, was man haben will, aber dafür bekommt man etwas, das noch besser ist. Im Leben hat man immer eine zweite Chance.

ADAM: Ich weiß nicht, ob es für alle einen Sinn hat. Wenn man zu arm ist, hat das Leben keinen Sinn, man kann nichts machen, man ist einfach auf der Straße.

MAROUA: Das stimmt, manchmal hat das Leben einen Sinn und manchmal nicht. Für den, der traurig ist, hat das Leben keinen Sinn.

AMIN: Das Leben hat einen Sinn, weil man Freunde hat, eine Familie, Cousins, Leute, mit denen man etwas teilt. Wenn nicht, hat es keinen Sinn. Das Leben hat dann Sinn, wenn man glücklich ist.

FRÉDÉRIC: Wer denkt, dass das Leben eine Richtung hat?

AYOUB: Ich.

FRÉDÉRIC: Warum denkst du das, Ayoub?

AYOUB: Man kann sich aussuchen, was man machen möchte.

AMIN: Das stimmt! Der Sinn liegt in dem, was wir tun wollen. Ich zum Beispiel möchte, wenn ich groß bin, versuchen, dass es keine Kriege mehr auf der Welt gibt.

MARIEM: Es stimmt, wir sind frei, alles im Leben zu tun, was wir möchten, und niemand kann uns davon abhalten. Nur die Eltern, solange wir klein sind.

AMIN: Ich bin nicht einverstanden. Freiheit heißt nicht, alles zu tun, was man will, weil man manchmal auch schlimme Sachen machen würde.

FRÉDÉRIC: Du würdest die Freiheit insofern einschränken, dass man andere respektieren muss?

AMIN: Ja.

ADAM: Nein, das ist nicht so wichtig wie Freunde zu haben.

FRÉDÉRIC: Warum?

ADAM: Weil man Brüder und Schwestern hat, die sind wie Freunde, nur dass man sie noch mehr liebt.

FRÉDÉRIC: Was haltet ihr davon? Wer hat noch nicht so viel gesagt?

OMER: Es ist wichtig, Freunde zu haben, weil man, wenn man groß wird, sonst ganz allein lebt und sich langweilt.

AYOUB: Ich sehe das ein bisschen so wie Adam, weil wir

später, wenn unsere Geschwister weg sind, heiraten werden und selbst Kinder haben. Das Wichtigste ist also die Familie.

FRÉDÉRIC: Seid ihr alle der Ansicht, dass ein Leben dann gelungen ist, wenn man eine Familie gründet?

AMIN: Nicht unbedingt. Madame Stéphanie hat gesagt, dass wir selbst entscheiden, ob wir heiraten wollen oder nicht.

MAROUA: Ich glaube, man kann auch dann ein gelungenes Leben haben, wenn man nicht verheiratet ist, weil man immer eine Familie hat, Brüder und Schwestern, Neffen und Nichten, man ist niemals allein.

FRÉDÉRIC: Ihr habt viel von Liebe gesprochen und von Familie, aber denkt ihr, dass man viel Geld verdienen muss, um ein gelungenes Leben zu haben?

Allgemeines »Nein«.

FRÉDÉRIC: Gibt es niemanden, der denkt, dass Geld wichtig ist, um ein gutes Leben zu führen?

HASSAN: Ja, um Essen zu kaufen, seine Rechnungen zu bezahlen, Geschenke für unsere Freunde, und um unseren Kindern eine Freude zu bereiten. Aber man braucht nicht viel.

AYOUB: Wenn man viel Geld hat, kann man den Armen etwas abgeben.

MAROUA: Wenn ich viel Geld hätte, würde ich die Hälfte den Armen geben.

AMIN: In den armen Ländern gibt es viel mehr glückliche Menschen als in den reichen.

FRÉDÉRIC: Warum?

AMIN: Wenn man zu viel Geld hat, kauft man viele Sachen

und wir haben Spaß, aber danach werden wir müde und traurig … Aber die Armen erwarten nicht viel und wenn sie dann bekommen, was sie sich wünschen, sind sie wirklich glücklich.

SALMA: Man darf weder zu wenig noch zu viel Geld haben.

MAROUA: Irgendwas dazwischen …

AYOUB: Ich bin nicht Salmas Meinung, weil man, wenn man viel Geld verdient, den Armen noch mehr geben kann, und dann sind sie gerettet.

FRÉDÉRIC: Glaubst du, dass die Menschen, die viel Geld verdienen, es den Armen abgeben?

AYOUB: Nein, die denken vor allem an sich selbst.

Zwanzig Grundbegriffe auf den Punkt gebracht

DIE LIEBE

»Diese Lehre hat also abgesehen davon, daß sie die Seele auf alle Weise beruhigt, noch den Vorzug, daß sie uns lehrt, worin unser höchstes Glück oder unsere Seligkeit besteht, nämlich in der alleinigen Erkenntnis Gottes, welche uns dahin führt, daß wir nur das tun, was Liebe und Frömmigkeit heischen.«
Baruch de Spinoza, Ethik

FRAGEN

Was bedeutet der Satz »Ich liebe dich«? Welcher Unterschied besteht zwischen der Liebe zu den Eltern, den Freunden und dem Partner? Kann ich alle Menschen lieben? Erfordert die Liebe eine Entscheidung? Ist Liebe eine Emotion, ein Gefühl, eine Idee oder eine Aktion?

IST DAS GEGENTEIL VON

Hass: ein Gefühl, das oft aus verschmähter und enttäuschter Liebe oder aus dem Tod einer Liebe hervorgeht.
Beispiel: Ich kann einen Freund hassen, der mich verraten hat.

SETZT SICH ZUSAMMEN AUS

Eros: die fleischliche Liebe. Ich liebe, was mir fehlt, ich bin abhängig davon, es ist die leidenschaftliche Liebe, die Wahlliebe.
Beispiel: Platon sagt, die Liebenden seien wie zwei Hälften

ein und desselben Wesens, die Zeus getrennt habe und die die durch die Liebe wieder vereint werden.
Philia: Freundschaft. Gegenseitige Zuneigung zwischen zwei Wesen, die lieben, was sie sind. Es ist die heitere Liebe, eine ausgesuchte Liebe.
Beispiel: Aristoteles sagt, echte Freundschaft ist eine tugendhafte Liebe, die aus dem Freund einen Spiegel macht, in dem man sich als derjenige sehen kann, der man ist und durch die man Zugang zum Glück erlangt.
Agape: die Nächstenliebe. Ich liebe den Menschen im Allgemeinen, es ist die Nächstenliebe, eine universelle Liebe.
Beispiel: Jesus sagt, die Nächstenliebe unterscheide nicht zwischen Freund und Feind. Man suche sich nicht aus, wen man liebe und man liebe seinen Nächsten wie sich selbst.

ETYMOLOGIE

»Liebe« stammt von den althochdeutschen Wörtern *liubi* und *liobi* ab, die bis auf das 8. Jahrhundert zurückzuführen sind. Im Mittelhochdeutschen wandelten sich die Begriffe zu *liebe*, in etwa mit »Wohlgefallen« zu übersetzen. »Liebe« hat unsere heutige Bedeutung gegen 1600 bekommen und damit das Wort *minne* (starke Form von Zuwendung und Hingabe) ersetzt.

VORHERRSCHENDE DEFINITION

Die Liebe ist ein tiefes Gefühl, eine intensive Bindung mit mehreren Facetten, unter anderem Zuneigung, Zärtlichkeit und körperliche Anziehung.

ZITATE / REFLEXIONEN

»Also auch dieser und jeder andere Begehrende begehrt das noch nicht vorhandene und nicht fertige, und was er nicht hat und nicht selbst ist, und wessen er bedürftig ist; solcherlei also sind die Dinge wonach es eine Begierde gibt und eine Liebe.« – *Platon, Das Gastmahl*

Wenn aber die Liebe aus Mangel heraus entsteht, kann sie dann unsere Erwartungen erfüllen? Kann man das geliebte Wesen wie ein Objekt besitzen? Wenn die Liebe Abhängigkeit bedeutet, kann sie uns dann glücklich machen?

»Liebe heißt sich freuen.« – *Aristoteles, Nikomachische Ethik*

Inwiefern tut es uns gut zu lieben? Bedeutet sich selbst zu lieben, egoistisch zu sein? Kann der andere mich lieben, wenn ich mich selbst nicht liebe? Kann man lieben, wenn man selbst nie geliebt wurde?

»Die Liebe ist ein bedingungsloses Ja, eine vollkommene Öffnung, die den Geliebten das sein lässt, was er ist und das in den Vordergrund stellt, was an ihm das Beste ist.« – *Fabrice Midal, L'Amour à découvert*

Heißt den anderen ändern zu wollen, ihn lieben? Kann man alles an den Menschen, die man liebt, akzeptieren? Existiert die Liebe ohne Liebesbeweis?

EMPFEHLUNGEN

Literatur: *Das Gastmahl*, Platon // *Nikomachische Ethik*, Aristoteles // *Romeo und Julia*, William Shakespeare,

1597 // *Die unerträgliche Leichtigkeit des Seins*, Milan Kundera, 1984 // *Über die Liebe*, Jiddu Krishnamurti
Film: *Jules und Jim*, François Truffaut, 1962 // *Eternal Sunshine of the Spotless Mind*, Michel Gondry, 2004 // *Brokeback Mountain*, Ang Lee, 2005 // *Liebe*, Michael Haneke, 2012
Comic: *Vertraute Fremde*, Jiro Taniguchi, 2006

DAS GELD

»Geld ist ein guter Diener, aber ein schlechter Herr.«
Francis Bacon

FRAGEN

Was ist Geld? Wozu dient es? Ist Geld Mittel oder Zweck? Soll es ausgegeben oder gespart werden? Hat Geld einen Wert? Inwiefern ist Geld eine Konvention?

IST DAS GEGENTEIL VON

Kostenfreiheit: etwas, das nichts kostet, das angeboten wird ohne Gegenleistung.
Beispiel: Die öffentliche Bildung ist kostenfrei, man bezahlt nicht, um in die Schule zu gehen.

UNTERSCHEIDET SICH

vom Tauschgeschäft: direkter Tausch von Objekt gegen Objekt, von Serviceleistung gegen Serviceleistung, wenn diese als gleichrangig betrachtet werden, ohne Hinzuziehung von Geldmitteln.
Beispiel: »Denn hier werden die nützlichen Dinge gegeneinander ausgetauscht [...], zum Beispiel Wein gegen Getreide [...]« – *Aristoteles, Politik*
vom Geschenk: man gibt etwas weg, das einem gehört; ein Geschenk wird aus uneigennützigen Gründen gemacht, kann aber auch mit der Erwartung eines Gegengeschenks

verbunden sein, da es eine Verbindung zwischen Individuen knüpft.
Beispiel: Ein Geschenk zu machen ist eine großzügige Geste, aber erwarten wir nicht, wenn wir lächeln, dass der andere zurücklächelt?

ETYMOLOGIE
Das Wort »Geld« geht zurück auf das 8. Jahrhundert, damals noch als *gelt* bekannt, übersetzbar mit »Vergeltung«, beziehungsweise »Vergütung«.

VORHERRSCHENDE DEFINITION
Das Geld ist ein verbreitetes Zahlungsmittel, ein Währungsmaßstab, der den Tausch von Gütern und Serviceleistungen ermöglicht und damit den Handel. Anhand des Geldes werden Preise festgelegt, der Wert eines Gutes oder von Wissen beziehungsweise von Können, für das man mit Geld bezahlt.

ZITATE / REFLEXIONEN
»Ich bin häßlich, aber ich kann mir die schönste Frau kaufen. Also bin ich nicht häßlich, denn die Wirkung der Häßlichkeit, ihre abschreckende Kraft ist durch das Geld vernichtet.« – *Karl Marx, Ökonomisch-philosophische Manuskripte aus dem Jahre 1844*
Ist das Geld übermächtig? Macht uns Geld mächtig? Kann man sich alles kaufen? Ist Zeit Geld? Inwiefern kann das Geld die menschlichen Beziehungen verderben?

»Egal, was die Reichen behaupten, die Armen lassen sich allein durch Geld glücklich machen; egal, was sich die Armen vorstellen, das Geld reicht nicht aus, um die Reichen glücklich zu machen.« – *Jean D'Ormesson, C'était bien*
Macht Geld glücklich? Fördert Geld den Egoismus? Bringt Geld Unglück?

»Wer Geld liebt, wird vom Geld niemals satt.« – *Kirchliches Sprichwort*
Ist es ein Problem, wenn man das Geld liebt?
Kann man zum Sklaven des Geldes werden?
Ist jede Summe Geld gut genug?
Werden wir unehrlich, wenn wir Geld anhäufen wollen?
Was bedeutet das Sprichwort »Geld stinkt nicht«?
Was ist schmutziges Geld?

EMPFEHLUNGEN
Literatur: *Der Geizige*, Molière, 1668 // *Die Weihnachtsgeschichte*, Charles Dickens, 1843 // *Philosophie des Geldes*, Georg Simmel, 1900 // *Die Gabe*, Marcel Mauss, 1924
Film: *The Wolf of Wall Street*, Martin Scorsese, 2013 // *Eine Weihnachtsgeschichte*, Robert Zemeckis, 2009
Serie: *Die Simpsons* (die Figur Burns)

DIE KUNST

»Alle Künste sind wie Spiegel, in denen der Mensch etwas von sich erkennt oder wiedererkennt, was er nicht wusste.«
Alain, Vingt leçons sur les Beaux-Arts

FRAGEN

Was ist ein Kunstwerk? Hat die Kunst einen Zweck? Hat die Kunst nur eine dekorative Funktion? Was ist ein Künstler? Worin unterscheidet er sich vom Handwerker?

IST DAS GEGENTEIL VON

Natur: Die Gesamtheit der Lebewesen und Dinge, die physische Welt, die das Universum ausmacht. Alles, was nicht durch den Menschen verwandelt wird, fern von der humanisierten Welt.
Beispiel: Ein Baum in einem Urwald wurde nicht durch den Menschen verändert; im Gegensatz dazu zeigt ein Gemälde, auf dem ein Baum zu sehen ist, den subjektiven Blick des Künstlers auf den Baum.
Wissenschaft: Wissen, das man durch Fakten belegt und durch Experimente, die handfeste Beweise liefern und objektive Ergebnisse ermöglichen.
Beispiel: Die Physik studiert die Natur; die Soziologie erklärt die menschlichen Verhaltensweisen.

UNTERSCHEIDET SICH

vom Handwerk: Technik, die auf Methoden der Herstellung basiert und sich an Regeln hält, um ein konkretes Ziel zu erreichen. Grundlage ist die Handarbeit, das erhaltene Produkt hat einen Nutzwert und ist für einen präzise definierten Gebrauch bestimmt.
Beispiel: Der Bäcker backt Kuchen, um uns zu ernähren, uns Freude zu bereiten und um Geld zu verdienen.

ETYMOLOGIE

Etymologisch stammt »Kunst« von *kunnan*, also »kennen« oder »wissen«, im Mittel- und Althochdeutschen bedeutete *kunst* »Wissen(schaft)«. Erst seit der Aufklärung verbreitete sich der Begriff in der Bedeutung »ästhetische Tätigkeit«.

VORHERRSCHENDE DEFINITION

Die Kunst ist eine menschliche Aktivität, bei der Inspiration, Geschick, Können und die Transformation von Materialien ineinandergreifen, um Werke zu schaffen.

ZITATE / REFLEXIONEN

»Eine Naturschönheit ist ein schönes Ding; die Kunstschönheit ist eine schöne Vorstellung von einem Dinge.«
Immanuel Kant, Kritik der Urteilskraft
Muss Kunst schön sein? Muss sie nützlich sein? Wozu kann sie dienen?

»Kunst gibt nicht das Sichtbare wieder, sondern macht sichtbar.« – *Paul Klee, Schöpferische Konfession*

Soll die Kunst die Natur nachahmen? Lehrt uns die Kunst, die Schönheit der Welt zu schätzen? Hilft uns die Kunst, die Welt besser zu verstehen? Macht uns die Kunst zu besseren Menschen?

»Die Kunst ist der Ort der vollkommenen Freiheit.« – *André Suarès*
Ist der Sinn der Kunst, etwas zu kopieren oder zu erfinden? Ist der Künstler eingeschränkt oder ganz frei in seiner Schaffenskraft? Kann alles Kunst werden?

EMPFEHLUNGEN
Literatur: *Kritik der Urteilskraft*, Immanuel Kant, 1790 // *Vorlesungen über die Ästhetik*, Friedrich Hegel, 1818 // *Die Welt als Wille und Vorstellung*, Arthur Schopenhauer, 1819 // *Briefe an seinen Bruder*, Vincent Van Gogh, 1988 // *Jonas oder der Künstler bei der Arbeit*, Albert Camus, 1957
Film: *Amadeus*, Miloš Forman, 1984 // *Le Tableau*, Jean-François Laguionie, 2011 // *Das Salz der Erde*, Juliano Ribeiro Salgado/Wim Wenders, 2014
Serie: *Da Vinci's Demons*, David Goyer, seit 2013

DER ANDERE

»Der Andere, Herzstück meines Universums. [...] Das sicherste Bollwerk ist unser Bruder, unser Nachbar, unser Freund oder unser Feind, aber jemand, großer Gott, jemand!«
Michel Tournier, Freitag oder das Leben in der Wildnis

FRAGEN

Wer ist der Andere? Ähnelt er mir? Was unterscheidet mich vom Anderen? Wer bin ich für die Anderen? Was können wir von den Anderen wissen?

IST DAS GEGENTEIL VON

Ich: der Person, die »ich« bin, das einzelne Subjekt, das ich durch die Summe meiner einzigartigen Geschichte, meiner Erfahrung, meine Eigenschaften, Fehler und geschmacklichen Vorlieben verkörpere.
Beispiel: Ich, Samantha, 9 Jahre, aus Montpellier usw.

SETZT SICH ZUSAMMEN AUS

dem Anderen: der jemand anderes ist als ich. Die Summe der Menschen. Gehören auch andere sensible Lebewesen wie die Tiere dazu?
Beispiel: meine Eltern, mein(e) Freund(in), mein Nachbar, der Unbekannte.
dem Gleichen: Der Andere ist so wie ich, er ähnelt mir; trotz der Unterschiede gehören wir aufgrund ähnlicher Eigenschaften der Spezies Mensch an.

Beispiel: Der Andere und ich haben beide ein Gesicht, und auch wenn wir nicht dieselbe Sprache sprechen, können wir einander zulächeln oder uns Grimassen schneiden.

ETYMOLOGIE

Der Begriff wird abgeleitet von *ander*, sowohl im Mittelhochdeutschen als auch im Althochdeutschen geläufig. Das Englische »other« bildete sich ebenfalls aus *ander*.

VORHERRSCHENDE DEFINITION

Der Andere ist ein »Alter Ego«, ein anderes Ich. *Alter* ist ein Anderer; aufgrund unserer Unterschiede ergeben sich aus dieser Andersartigkeit Verständigungsprobleme. *Ego* ist ein anderes »Ich«, ein »Du«. Der Andere und ich leben in einer gemeinsamen Welt, in der wir Beziehungen knüpfen wie in einem Dialog.

ZITATE / REFLEXIONEN

»Anstelle jener erhabenen Maxime der durch die Vernunft gestifteten Gerechtigkeit ›Behandele andere so, wie du von ihnen behandelt werden möchtest‹ gibt es eine andere Maxime, die viel weniger vollkommen, aber viel nützlicher ist als die vorhergehende: ›Sorge für dein Wohl mit dem geringstmöglichen Schaden für andere‹.« – *Jean-Jacques Rousseau, Abhandlung über den Ursprung und die Grundlagen der Ungleichheit unter den Menschen*

Will der Andere zwangsläufig, was ich will? Kann ich wissen, was der Andere will?

»In der Erfahrung des Dialogs konstituiert sich zwischen mir und dem Anderen ein gemeinsamer Boden, mein Denken und seines bilden ein einziges Geflecht, dessen Schöpfer keiner von uns beiden ist.« – *Maurice Merleau-Ponty, Phänomenologie der Wahrnehmung*
Inwiefern ist der Dialog mit dem Anderen interessant? Ermöglicht der Dialog, den Anderen besser zu verstehen? Kann ich meinen Standpunkt ändern, wenn ich mit dem Anderen spreche?

»Der Andere ist der unentbehrliche Vermittler zwischen mir und mir selbst.« – *Jean-Paul Sartre, Das Sein und das Nichts*
Inwiefern ist der Andere die Widerspiegelung dessen, was ich bin? Muss man den Blick des Anderen fürchten? Setzt das Bewusstsein seiner selbst den Anderen voraus?

EMPFEHLUNGEN
Literatur: *Abhandlung über den Ursprung und die Grundlagen der Ungleichheit unter den Menschen*, Jean-Jacques Rousseau, 1755 // *Geschlossene Gesellschaft*, Jean-Paul Sartre, 1947 // *Enders Spiel* und *Sprecher für die Toten*, Orson Scott Card, 1986–1987
Film: *Der Elefantenmensch*, David Lynch, 1980 // *Pocahontas*, Mike Gabriel/Eric Goldberg, 1995 // *X-Men*, Bryan Singer, 2000 // *So finster die Nacht*, Tomas Alfredson, 2009
Serie: *True Blood*, Alan Ball, 2008–2014
Comic: *Neandertal*, Emmanuel Roudier, 2007–2011

DIE SCHÖNHEIT

»Die Schönheit ist ein wahres Mysterium, weitaus interessanter als das der Seele.«
Christian Bobin, Das Kind, der Engel und der Hund

FRAGEN

Was ist Schönheit? Ist Schönheit wichtig? Kann man sich universell darüber einigen, was schön ist? Lässt sich über Geschmack und Farben streiten?

IST DAS GEGENTEIL VON

Hässlichkeit: was abstoßend ist, unangenehm, eklig, unästhetisch.
Beispiel: In Erzählungen oder Filmen sind Untote hässlich, sie erschrecken uns durch ihr monströses und abstoßendes Äußeres.

UNTERSCHEIDET SICH

vom Nützlichen: das, was man braucht, was effizient ist und funktionell.
Beispiel: eine Uhr, die man benutzt, um die Zeit abzulesen.
vom Angenehmen: was anziehend ist, schätzenswert, was eine gewisse Zufriedenheit erzeugt.
Beispiel: ein Glas frischen Orangensaft zu trinken ist angenehm.

ETYMOLOGIE

Im Sinne von »ansehnlich«, »glänzend« und »rein« wurde das Wort *sconi* schon im 8. Jahrhundert verwendet, im Mittelhochdeutschen erfolgte dann der Wandel zu *schœne.*

VORHERRSCHENDE DEFINITION

Schön ist, was gefällt. Schönheit erzeugt ein bewunderndes Vergnügen und löst ein Gefühl von Ästhetik und eine intellektuelle Befriedigung aus und führt zu einem Urteil, das wir gern mit anderen teilen.

ZITATE / REFLEXIONEN

»Das Schöne wie das Wahre hängen von der Zeit ab, in der wir leben, und von dem Individuum, das imstande ist, es zu begreifen.« – *Gustave Courbet*

Kann man objektive Kriterien dafür aufstellen, was schön ist? Hängt die Schönheit nicht von unserem subjektiven Empfinden ab? Von unserer Geschichte? Von unserer Kultur?

»Die Schönheit liegt im Auge des Betrachters.« – *Oscar Wilde*

Ist es erst der Blick des anderen, der uns Schönheit verleiht? Ist die Schönheit des Anderen eine Quelle des Vergnügens oder Leidens? Ist die Schönheit ein Geschenk der Natur oder eine Frage des Willens?

»Nicht wahr also, sprach ich, wenn bei einem Menschen ein Zusammentreffen stattfindet zwischen einem schönen Charakter, welcher in seiner Seele ist, und zwischen Dingen, welche in seiner äußeren Form mit jenem übereinstimmen und in Einklang sind, [...] so würde dieß wohl der schönste Anblick für Jeden sein, der Solches schauen könnte?« – *Platon, Der Staat*

Hat die Schönheit einen Sinn? Ist ein schöner Mensch zwangsläufig auch gut? Ist die Schönheit der Welt, einer Landschaft, eines Gemäldes wichtig?

EMPFEHLUNGEN

Literatur: *Das Bildnis des Dorian Gray*, Oscar Wilde, 1890 // *Diebe der Schönheit*, Pascal Bruckner, 1997 // *Fünf Meditationen über die Schönheit*, François Cheng, 2006

Film: *American Beauty*, Sam Mendes, 1999 // *Die Schöne und das Biest*, Gary Trousdale/Kirk Wise, 1991

Comic: *Der alltägliche Kampf*, Manu Larcenet, 2011

DAS GLÜCK

»Glückselig zu leben [...], wünschen Alle, aber um zu durchschauen, was es sei, wodurch ein glückseliges Leben bewirkt werde, dazu sind sie zu blödsichtig.«
Seneca

FRAGEN

Was heißt es, glücklich zu sein? Hängt das Glück von einem selbst ab? Ist Glück etwas, das man erreichen kann? Kommt Glück von unseren Genen und unserer Sensibilität? Von äußeren Ereignissen? Von dem Blick, den wir auf uns selbst und die Welt richten? Von unseren Entscheidungen?

IST DAS GEGENTEIL VON

Unglück: Zustand tiefer Unzufriedenheit, der als schmerzvoll empfunden wird.
Beispiel: Ein Kind, das seine Eltern bei einem Autounfall verloren hat, ist unglücklich.

UNTERSCHEIDET SICH

vom Spaß: Zustand vorübergehender sensorischer Zufriedenheit durch die Erfüllung eines Bedürfnisses oder eines Wunsches beziehungsweise den Ausgleich eines Mangels oder Überflusses.
Beispiel: Wie herrlich, ein Glas Wasser zu trinken, nachdem man in der Sonne gerannt ist! Ich hatte so einen Durst

(Bedürfnis), und dann habe ich getrunken (Befriedigung des Bedürfnisses).
von der Freude: Gefühl der Heiterkeit und der zeitlich beschränkten, intensiven Zufriedenheit infolge günstiger äußerer Umstände oder angenehmer Ereignisse.
Beispiel: Ich bin froh, die Prüfung bestanden zu haben.

ETYMOLOGIE

»Glück« hat sich aus dem mittelhochdeutschen Wort *gelücke* entwickelt, dessen ursprüngliche Bedeutung »Schicksal« oder »Ausgang eines Geschehens« war, gleich, ob zum Guten oder Schlechten.

VORHERRSCHENDE DEFINITION

Das Glück ist ein umfassender und anhaltender Zustand der Zufriedenheit.

ZITATE / REFLEXIONEN

»Ich habe das Glück an dem Geräusch erkannt, das es machte, als es verschwand.« – *Jacques Prévert, Paroles*
Fühlen wir das Glück? Braucht man die Erfahrung des Unglücks, um die Präsenz des Glücks zu spüren? Ist Glück nicht nur Nostalgie? Was erwarten wir vom Glücklichsein?

»Darum nennen wir auch die Lust Anfang und Ende des seligen Lebens.« – *Epikur, Brief an Menoikeus*
Genügt es, Lust und Spaß zu empfinden, um glücklich zu sein? Kann man glücklich sein, ohne Spaß zu haben? Findet man das Glück in einem Leben voller Vergnügun-

gen? Muss man vernünftig sein, um glücklich sein zu können?

»Denn eine Schwalbe macht noch keinen Frühling und auch keinen Tag; ebenso macht auch ein einziger Tag oder eine kurze Zeit niemanden gesegnet oder glücklich.« – *Aristoteles, Nikomachische Ethik*
Wann kann man sagen: »Ich bin glücklich«? Will man mehr erreichen als Glück? Kann man unter allen Umständen glücklich sein? Kann man allein glücklich sein?

EMPFEHLUNGEN
Literatur: *Nikomachische Ethik*, Aristoteles // *Brief an Menoikeus*, Epikur // *Die Pflicht glücklich zu sein*, Alain, 1925 // *Über das Glück: Eine philosophische Reise*, Frédéric Lenoir, 2013
Film: *Die fabelhafte Welt der Amélie*, Jean-Pierre Jeunet, 2001 // *Das Dschungelbuch*, Wolfgang Reitherman, 1967

KÖRPER UND GEIST

»Seele und Körper, Körper und Seele – wie voller Geheimnis war das alles! Wer konnte sagen, wo der fleischliche Trieb aufhörte und der psychische anfing? Die Trennung des Geistes und der Materie war ein Geheimnis, und die Vereinigung des Geistes mit der Materie war wiederum ein Geheimnis.«
Oscar Wilde, Das Bildnis des Dorian Gray

FRAGEN

Was ist der Körper? Was sind Seele oder Geist? Was macht der Körper? Was macht der Geist? Sind Körper und Geist zwei verschiedene Dinge?

IST DAS GEGENTEIL VON

Materie: natürliche Rohstoffe, unorganisch.
Beispiel: Ein Felsen ist ein unbelebter Körper.

UNTERSCHEIDET SICH

vom Bewusstsein: Fähigkeit, die eigenen Emotionen, Gefühle, Gedanken und Aktionen zu erfassen. Es gibt zwei Formen: das unmittelbare, auf die Außenwelt gerichtete Bewusstsein, und das reflektierte Bewusstsein, das heißt die Fähigkeit, sich auf sich selbst zu besinnen.
Beispiel: ein schlechtes Gewissen haben, also etwas, das man getan hat, als schlecht zu beurteilen und sich vorzuwerfen.

ETYMOLOGIE

»Körper« kommt von *corpus*, also ein physisches Element, belebt oder unbelebt, während »Gheist« auf das indogermanische Wort *gheis* mit der Bedeutung »erschaudern« oder »aufgeregt sein« zurückzuführen ist.

VORHERRSCHENDE DEFINITION

Der Körper ist eine existierende Materie, eine belebte Substanz, bestehend aus Fleisch und Organen; er ist greifbar, entwicklungsfähig und vergänglich. Der Geist ist nicht greifbar, er ist an Denken und Reflexion gekoppelt. Der Körper ist physisch, der Geist metaphysisch, das heißt jenseits des Körperlichen.

ZITATE / REFLEXIONEN

»Willst du den Körper heilen, mußt du zuerst die Seele heilen.« – *Platon*

Kann es mir im Kopf gutgehen, wenn es mir körperlich nicht gutgeht? Kann es mir körperlich gutgehen, wenn es mir im Kopf nicht gutgeht? Was bedeutet es, wenn man sagt, der Körper spreche zu uns?

»Der Körper kann ohne den Geist nicht bestehen, aber der Geist bedarf nicht des Körpers.« – *Erasmus von Rotterdam*

Der Körper existiert, aber existiert auch der Geist? Kann der Körper ohne den Geist existieren? Ist der Mensch das einzige Lebewesen mit einer Seele? Ist der Geist ein individuelles oder ein universelles Lebensprinzip?

»Wir sind nicht allein Körper oder Geist, wir bestehen aus einer Vereinigung von Geist und Körper.« – *George Sand, Geschichte meines Lebens*

Sind Körper und Geist miteinander verbunden oder voneinander getrennt? Ist die Seele so etwas wie der Lotse auf dem Schiff des Körpers? Beeinflusst der Körper die Seele? Kann man das wissen?

EMPFEHLUNGEN

Literatur: *Phaidon*, Platon // *Über die Seele*, Aristoteles // *Meditationes de prima philosophia*, René Descartes, 1641 // *Ethik*, Baruch de Spinoza, 1677 // *Atemkraftwerk*, Romain Gary, 1977

Film: *Star Wars*, Georges Lucas, 1977 // *Das Meer in mir*, Alejandro Amenábar, 2004 // *Laurence Anyways*, Xavier Dolan, 2012 // *Her*, Spike Jonze, 2013 // *I Origins – Im Auge des Ursprungs*, Mike Cahil, 2014

Comic: *Naruto*, Masashi Kishimoto, 2002–2016

DAS BEGEHREN

»Wehe dem, der nichts mehr zu wünschen hat!«
Jean-Jacques Rousseau, Julie oder *Die neue Heloise*

FRAGEN

Was bedeutet Verlangen? Macht es glücklich, wenn man wünscht? Sind wir in dem, was wir verlangen, frei? Können wir wählen, was wir begehren? Können sich unsere Begierden ändern? Können unsere Begierden vorübergehen?

IST DAS GEGENTEIL VON

Spaß: unmittelbare Befriedigung, schnelle Freude.
Beispiel: Im heißen Sommer esse ich gern ein Eis.

UNTERSCHEIDET SICH

vom Bedürfnis: was man zum Überleben braucht. Man muss diesen Bedürfnissen nachgehen, sie sind Determinismen des Körpers.
Beispiel: Wir müssen trinken und schlafen, um weiterzuleben.
vom Willen: Ausdruck einer konstanten Kraft, der Entschlossenheit, etwas zu wollen und der Ausdauer in dem, es zu tun, um ein langfristiges Ziel zu erreichen, trotz kurzfristiger Frustrationen.
Beispiel: Damit ich das Abitur schaffe, lerne ich lieber, als mit meinen Freunden auszugehen.

ETYMOLOGIE

Das Wort »Begehren« geht auf das Mittelhochdeutsche *ger* zurück, aus dem sich ebenfalls die Wörter »Gier« und »gern« entwickelt haben.

VORHERRSCHENDE DEFINITION

Wünsche, Verlangen und Begehren sind bewusste, auf Befriedigung ausgerichtete Spannungen, die durch ein Objekt, von dem man annimmt oder weiß, dass es die Quelle der Befriedigung ist, erfüllt werden.

ZITATE / REFLEXIONEN

»Was wir nicht besitzen, was wir nicht sind, kurz das also, was uns noch fehlt, bestimmt unsere Begierde und die Liebe.« – *Platon, Das Gastmahl*
Wenn ich etwas begehre, geht es dann um Mangel oder Überfülle? Kann man sich alle Wünsche erfüllen? Kann ich zum Sklaven meiner Begierden werden? Kann man weiter begehren, was man schon hat?

»Sein Leben schwingt also, gleich einem Pendel, hin und her, zwischen dem Schmerz und der Langenweile.« – *Arthur Schopenhauer, Die Welt als Wille und Vorstellung*
Macht es uns glücklich, wenn wir unserem Verlangen nachgeben? Ist es befriedigend, einem Verlangen nachzugeben? Muss ich mein Verlangen mäßigen? Wie kann ich es mäßigen?

»Aus diesem allen geht hervor, daß wir nichts erstreben, wollen, verlangen, noch begehren, weil wir es für gut halten; sondern umgekehrt, daß wir deshalb etwas für gut halten, weil wir es erstreben, wollen, verlangen und begehren.« – *Baruch de Spinoza, Ethik*

Bin ich mir meines Verlangens wirklich bewusst? Sind wir frei oder abhängig von unserem Verlangen? Ist mein Verlangen an das Verlangen anderer geknüpft? Erlaubt mir mein Verlangen, ich selbst zu sein?

EMPFEHLUNGEN

Literatur: *Das Gastmahl*, Platon // *Ethik*, Spinoza, 1677 // *Don Juan*, Molière, 1682 // *Die Früchte der Erde*, André Gide, 1897

Film: *Toy Story*, John Lasseter, 1995 // *Charlie und die Schokoladenfabrik*, Tim Burton, 2005 // *Eyes Wide Shut*, Stanley Kubrick, 1998 // *Under the Skin*, Jonathan Glazer, 2013

Serie: *Die Tudors*, Michael Hirst, 2007–2010

DIE PFLICHT

»Später lernt man es begreifen, daß uns das Leben die Pflicht auferlegt, es zu ertragen.«
Victor Hugo, Die Arbeiter des Meeres

FRAGEN

Was muss ich tun? Was ist meine Pflicht als Mensch? Hat ein Tier Pflichten? Inwiefern bin ich frei, wenn ich meine Pflichten erfülle?

IST DAS GEGENTEIL VON

Notwendigkeit: was existentiell ist, unabdingbar, essentiell, ein Bedürfnis, dem man nachgeben muss. Beispiel: Schlafen ist lebensnotwendig, ob man will oder nicht.

UNTERSCHEIDET SICH

vom Zwang: etwas, das von außen aufgezwungen wird, eine Anordnung, ein Gesetz, dem man gehorcht, auch wenn man es nicht will. Der Zwang kann mit Gewalt verbunden sein, um etwas durchzusetzen.
Beispiel: Wenn man Auto fährt, ist man gezwungen, bei Rot anzuhalten, auch wenn niemand sonst auf der Straße ist und man es eilig hat, weil das Gesetz das so vorschreibt und man bestraft wird, wenn man es übertritt.
von der Verpflichtung: gegenüber sich selbst. Das, was man sich selbst auferlegt zu tun. Es ist eine freie Entscheidung, die man freiwillig umsetzt.

Beispiel: Auch wenn ich müde bin, möchte ich zum Klavierunterricht gehen.

ETYMOLOGIE

»Pflicht« leitet sich aus dem Althochdeutschen *phliht*, »Fürsorge« oder »Anforderung«, ab.

VORHERRSCHENDE DEFINITION

Die Pflicht ist etwas, das sich mir als Grenze oder Aktion entgegenstellt. Ich bin gehalten, sie aus moralischen, gesellschaftlichen, religiösen, gesetzlichen, beruflichen und persönlichen Gründen zu befolgen.

ZITATE / REFLEXIONEN

»Dies ist die Summe aller Pflichten: Tue keinem anderen das Leid an, was bei Dir selbst Leid verursacht hätte.« – *Mahabarata*

Ist es notwendig, einer Pflicht nachzukommen? Warum kann ich andere nicht so behandeln, wie ich will? Ist es meine Pflicht, andere zu schützen?

»Pflicht: wo man liebt, was man sich selbst befiehlt.« – *Johann Wolfgang von Goethe, Maximen und Reflexionen*

Was bedeutet es, wenn man sagt: »Ich habe meine Pflicht getan«? Kann ich lieben, was ich tun muss? Bedeutet zu lieben, was ich mir selbst befehle, eine Pflicht oder eine Verpflichtung?

»Der Gehorsam gegenüber einer Pflicht ist ein Widerstand gegen sich selbst.« – *Henri Bergson, Die beiden Quellen der Moral und der Religion*

Bedeutet einer Pflicht nachzukommen, nicht auf sich selbst zu hören? Ist es ein Opfer, wenn man seine Pflicht tut? Ist es gefährlich, eine Pflicht zu erfüllen? Muss man der Pflicht eine Grenze setzen?

EMPFEHLUNGEN

Literatur: *Metaphysik der Sitten*, Immanuel Kant, 1797 // *Die beiden Quellen der Moral und der Religion*, Henri Bergson, 1932 // *Eichmann in Jerusalem*, Hannah Arendt, 1963

Film: *The Dark Knight*, Christopher Nolan, 2008 // *Antz*, Eric Darnell/Tim Johnson, 1998

Serie: 24, Joel Surnow/Robert Cochran, 2001–2010

Comic: *Calvin und Hobbes*, Bill Watterson 1985–1995

DIE EMOTION

»Wir sollten nicht vergessen, dass die kleinen Gefühle die großen Kapitäne unseres Lebens sind, denen wir gehorchen, ohne es zu merken.«
Vincent van Gogh, Briefe an seinen Bruder

FRAGEN

Was ist eine Emotion? Was sind menschliche Gefühle? Was zeigen sie uns? Sind Emotionen Signale? Kann man von positiven und negativen Emotionen sprechen? Was ist der Unterschied zwischen Emotion und Gefühl? Können wir unsere Emotionen kontrollieren?

IST DAS GEGENTEIL VON

Vernunft: die Fähigkeit, die Wirklichkeit auf adäquate Weise einzuschätzen, zu erkennen, zu beurteilen und über das eigene Verhalten zu bestimmen.
Beispiel: Der Gebrauch der Vernunft erlaubt es uns, vernünftig zu sein, also angemessen zu handeln und zu denken, das heißt, eine Argumentation durch eine fundierte logische Reflexion zu stützen.

UNTERSCHEIDET SICH

vom Gefühl: affektiver Ausdruck einer andauernden Emotion gegenüber einem Individuum oder einem äußeren Objekt.

Beispiel: Die Freundschaft ist ein dauerhaftes Gefühl und keine vorübergehende affektive Emotion.

ETYMOLOGIE

Das deutsche Wort »Emotion« ist von dem französischen *émotion* abgeleitet, das wiederum auf den lateinischen Begriff *emovere* zurückgeht, was »bewegen« bedeutet.

VORHERRSCHENDE DEFINITION

Die Emotion ist eine intensive Erregung des Bewusstseins, oft vorübergehend. Sie wird ausgelöst durch ein unerwartetes Ereignis. Die Emotion ist ein Emporschießen von Angst, Freude, Traurigkeit, Wut oder Scham. Sie kann physische Reaktionen hervorrufen wie einen Knoten im Hals, Herzklopfen, Erröten, Ohnmacht. Die Emotion kann sich verwandeln und zu einem Gefühl oder einer Leidenschaft werden.

ZITATE / REFLEXIONEN

»Dagegen ist das Gefühl einer Lust oder Unlust im gegenwärtigen Zustande, welches im Subject die Überlegung (die Vernunftvorstellung, ob man sich ihm überlassen oder weigern solle) nicht aufkommen läßt, der Affect. Affecten und Leidenschaften unterworfen zu sein, ist wohl immer Krankheit des Gemüths, weil beides Herrschaft der Vernunft ausschließt.« – *Immanuel Kant, Anthropologie in pragmatischer Hinsicht*

Inwiefern ist die Emotion ein Schock? Warum beherrscht uns die Emotion? Können wir emotionslos bleiben? Wie können wir unsere Emotionen kontrollieren?

»Kein Wort, das zu Herzen ging.« – *Victor Hugo, Der letzte Tag eines Verurteilten*
Was bedeutet es, »keine Stimme mehr zu haben«? Muss man alles sagen? Können Worte exakt das ausdrücken, was wir fühlen?

»Eine Leidenschaft muss von einem falschen Urteile begleitet sein, wenn sie unvernünftig sein soll, und selbst dann ist es nicht die Leidenschaft, welche unvernünftig ist, sondern das Urteil.« – *David Hume, Traktat über die menschliche Natur*
Inwiefern ist die Emotion Ausdruck unserer selbst? Kann man die eigenen Emotionen beurteilen?

EMPFEHLUNGEN

Literatur: *Die Leidenschaften der Seele*, René Descartes, 1649 // *Bekenntnis eines jungen Zeitgenossen*, Alfred de Musset, 1836 // *Der Fremde*, Albert Camus, 1942 // *Skizze einer Theorie der Emotionen*, Jean-Paul Sartre, 1938 // *Die Macht der Emotionen und wie sie unseren Alltag bestimmen*, François Lelord/Christophe André, 2001
Film: *Endstation Sehnsucht*, Elia Kazan, 1951 // *Einer flog übers Kuckucksnest*, Miloš Forman, 1975 // *Alles steht Kopf*, Pete Docter/Ronnie del Carmen, 2015
Comic: *Bis in den Himmel*, Jir Taniguchi, 2009

DER MENSCH

»Menschen werden nicht geboren, sondern gebildet.«
Erasmus von Rotterdam

FRAGEN

Was ist ein Mensch? Ist der Mensch ein Tier wie andere auch? Ist der Mensch ein besonderes Lebewesen in der Natur? Hat sich der Mensch im Lauf der Geschichte verändert?

WAS ER NICHT IST

eine Maschine: ein Werkzeug oder Apparat zur Verrichtung einer Arbeit oder von Aufgaben unter der Anleitung eines Menschen beziehungsweise autonom.
Beispiel: Ein Auto oder ein Flugzeug erleichtern die Fortbewegung.
eine Pflanze: ein Lebewesen, fest im Boden verwurzelt, mit einer von den Tieren zu unterscheidenden Sensibilität, ernährt sich vor allem von Mineralsalzen und Kohlensäure.
Beispiel: Eine Pflanze ist ein Lebewesen, das seine Blüten zur Fortpflanzung benutzt.

SETZT SICH ZUSAMMEN AUS

Tier: Lebewesen, ausgestattet mit Sensitivität und der Fähigkeit, sich fortzubewegen. Es folgt in seinen Handlungen einem Instinkt und einer je nach Spezies ausgeprägten Intelligenz.

Beispiel: Mehrere Experimente zeigen, dass sich Elefanten und Elstern im Spiegel als individuelle Lebewesen erkennen.

Natur: Die Natur umfasst die Gesamtheit von Mineral-, Pflanzen- und Tierreich, zu dem der Mensch gehört. Die Natur ist durch die Gesetze der Vererbung charakterisiert, die durch die Gene erfolgen. Von Geburt an sind bestimmte Verhaltensweisen festgelegt, sie sind angeboren.

Beispiel: Das Schildkrötenbaby schwimmt instinktiv und findet den Ozean. Das Menschenbaby hingegen ist allein auf sich gestellt lebensunfähig.

Kultur: was durch Bildung erworben wird, durch ein kulturelles Erbe, das von Generation zu Generation innerhalb einer Gemeinschaft weitergegeben wird. Durch die Kultur wird die menschliche Natur verändert. Der Mensch wird »unfertig« geboren, erlernt Sitten, Glauben und besondere Lebensweisen, die von Epoche zu Epoche und von Ort zu Ort variieren.

Beispiel: Die Götter unterscheiden sich je nach Kultur: die Heilige Dreifaltigkeit der Christen, Allah bei den Muslimen, der Sonnengott Inti bei den Inkas, Brahma, Vishnu und Shiva bei den Hindus.

ETYMOLOGIE

Der Ursprung des Wortes »Mensch« geht auf das Althochdeutsche *mennisco* beziehungsweise *mannisco* zurück, das um das Jahr 800 »der Männliche« oder »mannhaft« bedeutete.

VORHERRSCHENDE DEFINITION

Der Mensch ist innerhalb des Tierreichs ein Säugetier und gehört zur Familie der Menschenaffen (*Hominidae*). Das Besondere an der Spezies *Homo sapiens* ist schwer zu erklären, denn auch Tiere benutzen Werkzeuge, besitzen eine Art Sprache und so weiter. Der mit Vernunft ausgestattete Mensch hat eine ausgefeilte Sprache und die Fähigkeit zur Selbstbetrachtung, Abstraktion und Spiritualität.

ZITATE / REFLEXIONEN

»Jeder Mensch hat das Leben, das er sich wählt.« – Jean-Paul Sartre, Der Existentialismus als Humanismus

Wie wird man ein Mensch? Kann ein Mensch unmenschliche Taten vollbringen? Kann man sagen, das liegt in seiner »Natur«?

»Es ist nicht natürlicher oder weniger konventionell, wenn man in einem Zustand der Wut schreit oder sich im Gefühl der Liebe umarmt, als einen Tisch einen Tisch zu nennen. Man kann dem Menschen keine primäre Verhaltensschicht zuschreiben, die man ›natürlich‹ nennet und darüber hinaus eine künstliche kulturelle oder spirituelle. Alles am Menschen ist künstlich und natürlich zugleich.« – Maurice Merleau-Ponty, Phänomenologie der Wahrnehmung

Inwiefern ist der Mensch ein »natürliches Wesen«? Inwiefern ist er ein »kulturelles Wesen«? Ist weinen zum Beispiel eine »weibliche« Verhaltensweise? Kann Kultur »entmenschlichend« wirken?

»Wie alle Lebewesen ist auch der Mensch genetisch vorprogrammiert, aber er ist dafür programmiert zu lernen. Der jeweils aktuelle Stand seiner Entwicklung entsteht im Laufe der Zeit durch die Interaktion mit der Umwelt.« – François Jacob, Das Spiel der Möglichkeiten

Kann sich ein Mensch ändern? Inwiefern formt die natürliche Umgebung wie das familiäre oder kulturelle Umfeld den Menschen? Wie kann der Mensch sein Verhalten verändern?

EMPFEHLUNGEN

Literatur: *Menschliches, Allzumenschliches*, Friedrich Nietzsche, 1878 // *Der Existentialismus als Humanismus*, Jean-Paul Sartre, 1946 // *Edward: Wie ich zum Menschen wurde*, Roy Lewis, 1990

Film: *Am Anfang war das Feuer*, Jean-Jacques Annaud, 1981 // *Adama*, Simon Rouby, 2015

Serie: *Real Humans: Echte Menschen*, Harald Hamrell/Levan Akin, 2013–2014

Comic: *Die große Macht des kleinen Schninkel*, Jean van Hamme/ Grzegorz Rosinski, 1986–1987

DIE FREIHEIT

»[...] der Gehorsam gegen das Gesetz, das man sich selbst vorgeschrieben hat, ist Freiheit.«
Jean-Jacques Rousseau, Der Gesellschaftsvertrag

FRAGEN

Kann ich frei sein wie ein Vogel in der Luft? Bedeutet frei sein alles zu tun, was ich will? Bedeutet Freiheit die vollkommene Abwesenheit von Zwängen?

IST DAS GEGENTEIL VON

Knechtschaft: Zustand eines Menschen, der seiner Autonomie beraubt wurde, der einer Macht untergeordnet ist, einer höheren Autorität, die ihn beherrscht.
Beispiel: Der Sklave ist ein Individuum, das nicht frei entscheiden kann. Er ist unter dem Joch eines Herrn, der ihn wie ein Objekt nach Lust und Laune behandelt.

UNTERSCHEIDET SICH

von der Zügellosigkeit: Exzess der Freiheit. Man denkt aufgrund einer illusorischen Abwesenheit von Pflichtgefühl, alles sei erlaubt oder möglich, ohne dass irgendein inneres oder äußeres Hindernis einen aufhält.
Beispiel: Das Kind, das spielen möchte, stellt Blödsinn an, um nicht schlafen gehen zu müssen.
vom Determinismus: Abwesenheit von Freiheit. Nach diesem Konzept ist alles Denken und Handeln das Resultat

einer Ursache, die uns notwendigerweise dazu bringt, auf eine bestimmte Art und Weise zu agieren.
Beispiel: Spinoza nennt das Beispiel eines Steins, der ins Rollen gerät, wenn er von außen angestoßen wird.

ETYMOLOGIE

Vriheit im Mittelhochdeutschen beziehungsweise *friheit* im Althochdeutschen bedeuteten »Stand eines Freien« oder auch »Privileg«, möglicherweise abgeleitet aus dem germanischen Wort *frihalsa*. Gotisch *freihals*, »Unantastbarkeit des Halses«.

VORHERRSCHENDE DEFINITION

Die Freiheit ist ein Zustand, in dem man weder Gefangener noch Sklave ist und man nicht in seiner Bewegungs-, Ausdrucks- oder Denkfreiheit eingeschränkt wird, wobei auch die der anderen respektiert werden muss; man ist autonom, das heißt, man kann sich selbst Verhaltensregeln auferlegen.

ZITATE / REFLEXIONEN

»Selbst diejenigen, die die schwächste Seele besitzen, könnten eine absolute Herrschaft über ihre Leidenschaften erlangen.« – René Descartes, Die Leidenschaften der Seele
Haben wir immer die Freiheit zu sagen, was wir denken? Bedeutet Freiheit, auf unsere Vernunft zu hören? Ist der Gehorsam gegenüber dem Gesetz das Gegenteil von Freiheit? Bedeutet zu wählen, zu verzichten?

»Die Menschen glauben, sie wären frei, weil sie ihrer Handlungen sich bewusst, der Ursachen aber, von welchen sie bestimmt werden, unkundig sind.« – Baruch de Spinoza, Briefwechsel

Kann ich frei entscheiden, ob ich Angst oder Durst habe? Ist der Unwissende frei? Können wir uns freimachen von dem, was uns determiniert? Macht uns das Bewusstsein von dem, was uns determiniert, frei?

»Der Mensch ist dazu verurteilt, frei zu sein.« – Jean-Paul Sartre, Der Existentialismus ist ein Humanismus

Warum ist es so schwer frei zu sein? Müssen wir uns entscheiden? Kann es Freiheit ohne Verantwortlichkeit geben? Behindert man sich dadurch selbst? Können wir lernen, frei zu sein?

EMPFEHLUNGEN

Literatur: *Gorgias*, Platon // *Die Leidenschaften der Seele*, René Descartes, 1649 // *Caligula*, Albert Camus, 1944 // *Der Existentialismus ist ein Humanismus*, Jean-Paul Sartre, 1946

Film: *Gattaca*, Andrew Niccol, 1997 // *Minority Report*, Steven Spielberg, 2002 // *Madagascar*, Eric Darnell/Tom McGrath, 2005 // *The Box – Du bist das Experiment*, Richard Kelly, 2009 // *Chronicle – Wozu bist du fähig?*, Josh Trank, 2012

Serie: *Rectify*, Ray McKinnon, 2013–2016

Comic: *Sharaz-De*, Sergio Toppi, 2013

DIE MORAL

»Gewissen, Gewissen! Du unfehlbarer Richter über Gut und Böse. Indessen genügt es nicht, daß dieser Führer vorhanden ist, man muß ihn auch als solchen anerkennen und ihm zu folgen verstehen.«
Jean-Jacques Rousseau, Glaubensbekenntnis des savoyischen Vikars

FRAGEN

Was soll ich tun? Wie kann ich meine Handlungen verstehen und steuern? Handeln wir nur gut, weil wir das Gesetz fürchten? Aus Vorsicht? Darf ich anderen nicht antun, von dem ich selbst auch nicht will, dass andere es mit mir tun?

IST DAS GEGENTEIL VON

Unmoral: Abwesenheit von Moral. Eine unmoralische Haltung führt zu Handlungen ohne jeden Bezug zu Gut oder Böse.
Beispiel: Wir können nicht sagen, dass es böse und die Tat unmoralisch sei, wenn eine Katze einen Vogel tötet, denn die Katze handelt aus Instinkt und ohne sich der Konsequenzen für den Vogel bewusst zu sein.
Unsittlichkeit: Verhalten entgegen der Moral, gegen das Gute; was schlecht ist.
Beispiel: Wir sind uns bewusst, dass man nicht lügen darf, weil es gegen die Moral ist.

UNTERSCHEIDET SICH

von der Ethik: Der Begriff »Ethik« wird heute im Zusammenhang mit einer praktischen Weisheit verwendet, um konkrete Entscheidungen in unserer komplexen Lebenswelt treffen zu können.
Beispiel: Lügen ist schlecht; einen Kriminellen anzulügen, um dadurch sein potentielles Opfer zu schützen, ist hingegen nicht schlecht.

ETYMOLOGIE

»Moral« ist vom lateinischen Wort *moralis* abgeleitet, das mit »die Sitten betreffend« oder auch »Wille« übersetzt werden kann.

VORHERRSCHENDE DEFINITION

Die Moral ist die Summe der einer Gruppe oder Gesellschaft eigenen Normen. Sie zieht eine theoretische Definition von Gut und Böse nach sich, legt Regeln fest, die, einem Werturteil entsprechend, zu befolgen sind.

ZITATE / REFLEXIONEN

»Wir würden uns oft unserer schönsten Taten schämen, wenn die Welt alle Beweggründe sähe, aus denen sie hervorgehen.« – François de la Rochefoucauld
Warum tun wir Gutes? Ist es eine Pflicht, Gutes zu tun? Ist meine gute Tat uneigennützig? Hat die Moral eine religiöse Komponente?

»Denn ein und dasselbe Ding kann zu derselben Zeit gut und schlecht und auch indifferent sein. Musik zum Beispiel ist gut

für den, der schwermütig ist, schlecht für den, der in Trauer ist, und weder gut noch schlecht für den, der taub ist.« – Baruch de Spinoza, *Ethik*

Woher kommt die Moral? Kann man wissen, was absolut gut und was absolut schlecht ist? Genügt es, gute Gedanken zu haben, um moralisch zu sein? Muss man seine Moral unter Beweis stellen? Warum darf man andere belehren?

»Genießen und genießen lassen, ohne sich oder noch sonst jemandem zu schaden – das ist die ganze Moral.« – Nicolas de Chamfort, *Maximen und Gedanken*

Ist alles gut, was mir Spaß macht? Kann ich auch dann Freude empfinden, wenn ich ganz allein bin? Bin ich mir des Schlechten bewusst, das ich tun kann? Bin ich absichtlich böse? Ist das Ziel jeder Moral das Glück?

EMPFEHLUNGEN

Literatur: *Nikomachische Ethik*, Aristoteles // *Zur Genealogie der Moral*, Friedrich Nietzsche, 1887 // *Die beiden Quellen der Moral und der Religion*, Henri Bergson, 1932 // *Die Gerechten*, Albert Camus, 1950

Film: *Pinocchio*, Luske Hamilton/Ben Sharpsteen, 1940 // *Im Auftrag des Teufels*, Taylor Hackford, 1997 // *Kiriku und die Zauberin*, Michel Ocelot, 1998 // *Der Herr der Ringe*, Peter Jackson, 2001–2003 // *The Philosophers – Wer überlebt?*, John Huddles, 2013

DER TOD

»Der Tod ist ein Unsinn, der dem Leben einen Sinn gibt.«
Vladimir Jankélévitch, Der Tod

FRAGEN

Was ist der Tod? Ist er das Ende des Lebens? Der Beginn eines anderen? Ist er das Nichts oder eine Wiedergeburt? Eine Etappe, ein Übergang? Ist es besser, sterblich zu sein oder unsterblich?

IST DAS GEGENTEIL VON

Geburt: Beginn des Lebens eines Lebewesens außerhalb des Organismus seines Erzeugers.
Beispiel: Der Nachwuchs der Säugetiere braucht nach der Geburt seine Artgenossen, um sich weiterentwickeln zu können.
Unsterblichkeit: Zustand eines Lebewesens, das nicht sterben muss, also für unbegrenzte Zeit und damit ewig lebt.
Beispiel: Der Legende zufolge sind Vampire unsterblich. Sie können demnach nicht altern.

UNTERSCHEIDET SICH

vom Leben: die Tatsache zu existieren und an den damit verbundenen biologischen Phänomenen teilzunehmen wie atmen, trinken, essen, sich fortpflanzen und so weiter.
Beispiel: Wenn ich schlafe, ruht sich mein Körper aus, aber

ich lebe weiter, weil ich atme und mein Herz schlägt, auch wenn ich nicht bei Bewusstsein bin.
vom Alter: letzte Etappe des Lebens, gekennzeichnet durch eine Abnutzung der körperlichen und geistigen Funktionen des organischen Lebewesens, das sich nun auf den Tod zubewegt.
Beispiel: In Afrika sagt man, dass »wenn ein Alter stirbt, eine Bibliothek verbrennt«, weil mit ihm auch sein ganzes Wissen und seine ganze Lebenserfahrung sterben.

ETYMOLOGIE

Bereits im Althochdeutschen *(tod)* und im Mittelhochdeutschen *(tot)* waren die Begriffe synonym mit unserem heutigen Verständnis von »Tod«.

VORHERRSCHENDE DEFINITION

Der Tod bleibt das größte metaphysische Rätsel unserer Existenz. Wir können ihn nur anhand dessen definieren, was wir physisch feststellen: als einen Abbruch, ein vollständiges und definitives Ende des Lebens.

ZITATE / REFLEXIONEN

»Philosophieren heißt sterben lernen.« – Platon, Phaidon
Macht der Tod Angst? Sollte man den Tod ignorieren? Hat der Tod einen Sinn?

»Der freie Mensch denkt über nichts weniger nach als über den Tod: Seine Weisheit ist nicht ein Nachsinnen über den Tod, sondern über das Leben.« – Baruch de Spinoza, Ethik
Lernen wir zu leben, wenn wir an den Tod denken? Gäbe

es ohne den Tod eine Moral? Macht uns unser eigener Tod traurig oder der der anderen?

»Der Tod ist nichts für uns. Solange wir existieren, ist der Tod nicht da, und wenn der Tod da ist, existieren wir nicht mehr.« – Epikur, Brief an Menoikeus

Ist der Tod erfahrbar? Ist der Tod ein Schmerz oder eine Erleichterung? Ist er das Ende der Zeit oder die Ewigkeit? Bedeutet der Tod eine Rückkehr in den Zustand, der der Existenz vorausgegangen ist?

EMPFEHLUNGEN

Literatur: *Phaidon*, Platon // *Brief an Menoikeus*, Epikur // *Der glückliche Tod*, Albert Camus, 1971

Film: *Die letzten Glühwürmchen*, Isao Takahata, 1988 // *The Fountain*, Darren Aronofsky, 2006 // *Hereafter – Das Leben danach*, Clint Eastwood, 2010

Serie: *Six Feet Under*, Alan Ball, 2001–2005

Comic: *Maus. Die Geschichte eines Überlebenden*, Art Spiegelman, 1987

DIE RELIGION

»Die Religion ist das Opium des Volkes.«
Karl Marx

FRAGEN

Warum ist die Religion ein universelles Phänomen? Bedeutet Glauben Wissen? Kann man die Existenz Gottes beweisen? Hilft uns der Glaube zu leben? Preisen alle Religionen die Existenz Gottes? Wozu dient die Religion? Warum gibt es mehrere Religionen? Warum erzeugen Religionen Gewalt?

IST DAS GEGENTEIL VON

Atheismus: Die Verneinung der Existenz Gottes und des Glaubens an ein Leben nach dem Tod.
Beispiel: Der Atheist denkt, das einzig mögliche Leben sei das Leben im Hier und Jetzt und Gott eine Erfindung des Menschen.

UNTERSCHEIDET SICH

vom Agnostizismus: Lehre, die davon ausgeht, dass die Existenz oder Nichtexistenz Gottes für den menschlichen Geist nicht fassbar ist und dieser auch nichts über die eigentliche Natur, den Ursprung und das Schicksal von Universum und Mensch wissen kann.
Beispiel: War es Gott, der den Menschen nach seinem Ebenbild erschaffen hat oder war es der Mensch, der Gott

erschuf? Der Agnostiker ergreift keine Partei, er entscheidet sich nicht, sondern akzeptiert das Mysterium.
vom Aberglauben: irrationaler Glaube, der eine Mischung aus Unwissen, Wünschen und Ängsten ist.
Beispiel: wenn jemand glaubt, dass man nach Mitternacht rückwärts nach Hause gehen sollte, damit die bösen Geister nicht hereinkommen können.

ETYMOLOGIE
»Religion« kommt von *religare*, das heißt etwas, das verbindet, Gott mit den Menschen oder die Menschen untereinander.

VORHERRSCHENDE DEFINITION
Die Religion ist ein sehr altes und nahezu universelles Phänomen. Es ist ein Zusammenspiel von Glaubenselementen und Ritualen, das die Beziehungen der Menschen untereinander entsprechend des Glaubens an ein unsichtbares höheres Wesen, das über ihnen steht, strukturiert.

ZITATE / REFLEXIONEN
»Die meisten Menschen halten an ihrer Religion nur aus Gewohnheit fest. Sie folgen den Straßen, die ihre Väter für sie gebaut haben.« – Paul Henri Thiry d'Holbach, Das entschleierte Christentum
Hat Gott etwas mit Glaube oder Wissen zu tun? Ist es eine Sache der Natur oder der Kultur, eine Religion zu haben? Ist es eine persönliche Entscheidung?

»Warum war aber das Meer stürmisch? Und so werden sie nicht ablassen, weiter und weiter nach den Ursachen der Ursachen zu fragen, bis man zum Willen Gottes, d.h. zum Asyl der Unwissenheit seine Zuflucht nimmt.« – Baruch de Spinoza, Ethik

Glaubt der Mensch aus seiner eigenen Schwäche heraus an die Macht eines Gottes? Sind Denken und Glauben miteinander vereinbar? Muss die Vernunft jeden Glauben als Aberglauben betrachten?

»Man muss den Fanatismus ganz und gar ausrotten, es genügt nicht, diesem Monster die Klauen zu kürzen oder seine Zähne abzustumpfen.« – Voltaire, Über die Toleranz

»Gott hat keine Religion.« – Gandhi

Inwiefern unterscheidet sich ein gläubiger Mensch von einem Fanatiker? Wie manifestiert sich die Zugehörigkeit zu einer Religion? Kann es eine Gesellschaft ohne Religion geben?

EMPFEHLUNGEN

Literatur: *Theologisch-politischer Traktat*, Baruch de Spinoza, 1670 // *Die Zukunft einer Illusion*, Sigmund Freud, 1927 // *Petit traité d'histoire des religions*, Frédéric Lenoir, 2008

Film: *Der Name der Rose*, Jean-Jacques Annaud, 1986 // *Persepolis*, Vincent Paronnaud/Marjane Satrapi, 2007 // *Agora – Die Säulen des Himmels*, Alejandro Amenábar, 2009 // *Von Menschen und Göttern*, Xavier Beauvois, 2010

Comic: Die Katze des Rabbiners, Joann Sfar, seit 2001

DIE GESELLSCHAFT

»So treibt das Bedürfnis der Gesellschaft, aus der Leere und Monotonie des eigenen Innern entsprungen, die Menschen zueinander; aber ihre vielen widerwärtigen Eigenschaften und unerträglichen Fehler stoßen sie wieder von einander ab.«
Arthur Schopenhauer, Parerga et Paralipomena

FRAGEN

Was ist die Gesellschaft? Was bedeutet es, in einer Gesellschaft zu leben? Ist der Mensch dafür gemacht, in einer Gesellschaft zu leben?

IST DAS GEGENTEIL VON

Individuum: einzigartiges menschliches Wesen mit besonderen körperlichen und charakterlichen Eigenschaften.
Beispiel: Schopenhauer vergleicht Individuen mit Stachelschweinen, die sich vor der Kälte schützen wollen, durch die Stacheln jedoch auf Abstand gehen und lernen müssen, das Maß an Distanz und Nähe zu finden, das Wärme ohne Schmerzen verleiht.

UNTERSCHEIDET SICH

von der Familie: Gruppe von Individuen, die blutsverwandt oder partnerschaftlich verbunden sind.

Beispiel: Für den Menschen ist die Gruppe lebensnotwendig, da der junge Mensch seine Eltern zum Überleben braucht.

vom Staat: politische Institution, die als übergeordnete Autorität das Leben in der Gesellschaft strukturiert.

Beispiel: In Deutschland übt der Kanzler oder die Kanzlerin der Republik die höchste Staatsfunktion aus. Er oder sie wird auch Staatschef genannt.

ETYMOLOGIE

Abgeleitet von Althochdeutsch *gisello*, »Wohngenosse«, »Freund« und Mittelhochdeutsch *geselle*, »Standesgenosse«, »Geliebter«, »junger Mann«.

VORHERRSCHENDE DEFINITION

Die Gesellschaft ist eine Gruppe von Individuen, die auf wechselseitigen Beziehungen und Abhängigkeiten beruht und durch gemeinsame Regeln organisiert wird. Ihre Mitglieder sind durch eine Geschichte, Kultur oder eine gemeinsame Sprache miteinander verbunden.

ZITATE / REFLEXIONEN

»Der Mensch ist von Natur aus ein soziales Wesen. Wer aber nicht in einer Gemeinschaft leben kann, der ist ein wildes Tier oder aber ein Gott.« – Aristoteles, Politik

Kann der Mensch außerhalb der Gesellschaft leben? Ist der Mensch von Natur aus gesellschaftlich veranlagt? Sind die gesellschaftlichen Verbindungen natürlich oder kulturell bedingt?

»Nach meiner Meinung, begann ich also, entsteht die Stadt, weil keiner von uns sich selbst genügen kann, sondern jeder viele andere nötig hat.« – Platon, Der Staat

Was bringt den Menschen das Leben in der Gesellschaft? Macht der Staat das Leben der Menschen besser? Braucht der Mensch andere Menschen? Wozu dient der Austausch zwischen den Mitgliedern einer Gesellschaft?

»Ich verstehe hier [...] die ungesellige Geselligkeit des Menschen, d.i. den Hang derselben in Gesellschaft zu treten, der doch mit einem durchgängigen Widerstande, welcher diese Gesellschaft beständig zu trennen droht, verbunden ist.« – Immanuel Kant, Idee zu einer allgemeinen Geschichte in weltbürgerlicher Absicht

Warum ist es so schwer, in einer Gesellschaft zu leben? Ist die Gesellschaft ein Zwang? Determiniert uns die Gesellschaft? Erlaubt uns die Gesellschaft, frei zu sein?

EMPFEHLUNGEN

Literatur: *Der Staat*, Platon // *Politik*, Aristoteles // *Die Gabe*, Marcel Mauss, 1924 // *1984*, George Orwell, 1949 // *Die elementaren Strukturen der Verwandtschaft*, Claude Lévi-Strauss, 1949

Film: *Into the Wild*, Sean Penn, 2007 // *Die Welle*, Dennis Gansel, 2008 // *Die Tribute von Panem – Hunger Games*, Gary Ross, 2012

Serie: *Lost*, J. J. Abrams, 2004–2010

DIE ZEIT

»Was ist also die Zeit? Wenn mich niemand darüber fragt, so weiß ich es; wenn ich es aber jemandem auf seine Frage erklären möchte, so weiß ich es nicht.«
Augustinus, Bekenntnisse

FRAGEN

Was ist die Zeit? Woraus setzt sie sich zusammen? Vergeht die Zeit ununterbrochen? Welche Wirkung hat die Zeit auf uns?

IST DAS GEGENTEIL VON

Raum: mehr oder weniger große Ausdehnung in drei Dimensionen, innerhalb der man sich bewegen kann.
Beispiel: Im Laufe seiner Geschichte hat der Mensch die Hilfsmittel, mit denen er sich im Raum bewegt, immer weiterentwickelt: zu Wasser, auf dem Land und in der Luft.

UNTERSCHEIDET SICH

von der Dauer: die Zeit, wie sie das Bewusstsein des Individuums wahrnimmt. Es ist die subjektive Zeit, die von jedem anders wahrgenommen wird.
Beispiel: Eine Stunde, die wir gelangweilt im Wartezimmer beim Zahnarzt verbringen, erscheint uns weitaus länger als eine Stunde, in der wir mit Freunden Spaß haben.

von der Ewigkeit: Situation außerhalb der Zeit, die weder Anfang noch Ende hat; insofern ist sie nicht messbar. Beispiel: »Außerhalb der Zeit gibt es nichts. Es gibt die Ewigkeit und das Nichts. Wenn es einen Gott gibt, ist er außerhalb der Zeit.« – *Jean d'Ormesson*

ETYMOLOGIE

Im Mittelhochdeutschen wie Althochdeutschen bedeutete das Wort *zit* »Abgeteiltes«, auch »Ablauf des Geschehens«, das Leben wurde in Gezeiten eingeteilt, vergleiche auch den englischen Begriff »tide«.

VORHERRSCHENDE DEFINITION

Die Zeit ist immateriell. Man kann sie messen, aber nicht aufhalten. Die Zeit lässt sich als Linie darstellen, in der die Gegenwart zwischen Vergangenheit und Zukunft erscheint, oder aber als Rad in einer zyklischen, sich wiederholenden Bewegung.

ZITATE / REFLEXIONEN

»Das einzige Gesetz des Universums, das keiner Veränderung unterliegt, ist, dass sich alles verändert. Nichts ist von Dauer.« – Buddha

Was verändert die Zeit? Bleiben wir immer die Gleichen? Zerstört die Zeit uns? Ist die Zeit ein Verbündeter oder ein Feind?

»Die Zeit lässt das Unbekannte erscheinen und das Bekannte verschwinden.« – Jean d'Ormesson, C'était bien

Warum haben wir einen nostalgischen Blick auf die Vergangenheit? Warum sehen wir mit Ungeduld in die Zukunft? Existieren Vergangenheit und Zukunft? Kann man sagen, dass die Zeit uns beherrscht?

»Die wahre Großzügigkeit gegenüber der Zukunft besteht darin, alles der Gegenwart zu geben.« – Albert Camus, Der Mensch in der Revolte

Können wir die Gegenwart leben? Warum ist das so schwierig? Inwiefern verändert es die Gegenwart, wenn man an die Zukunft denkt? Kann ich die Zukunft vorhersehen, vorwegnehmen?

EMPFEHLUNGEN

Literatur: *Timaios*, Platon // *Die Intuition des Augenblicks*, Gaston Bachelard, 1932 // *Die Evolution der Physik*, Albert Einstein/Leopold Infeld, 1938 // *Marsianischer Zeitsturz*, Philip K. Dick, 1964

Film: *Herrscher der Zeit*, René Laloux, 1982 // *Zurück in die Zukunft*, Robert Zemeckis, 1985 // *Butterfly Effect*, Eric Bress, 2004 // *Der seltsame Fall des Benjamin Button*, David Fischer, 2008 // *Mr. Nobody*, Jaco Van Dormael, 2009 // *Predestination*, Michael und Peter Spierig, 2014

Serie: *Journeyman – Der Zeitspringer*, Kevin Falls, 2007

Comic: *Die Krone des Ogotai*, Jean van Hamme/Grzegorz Rosinski, 1995

DIE ARBEIT

»Ich meine freie Arbeit, die Wirkung und Quelle der Macht zugleich. Einmal mehr geht es überhaupt nicht um passives Hinnehmen, sondern vielmehr um aktives Agieren.«
Alain, Die Pflicht, glücklich zu sein

FRAGEN

Was ist Arbeit? Warum arbeiten wir? Ist es notwendig zu arbeiten? Können wir glücklich sein, ohne jemals zu arbeiten?

IST DAS GEGENTEIL VON

Freizeit: frei zur Verfügung stehende Zeit ohne die alltäglichen Pflichten, die es uns erlaubt, uns zu zerstreuen, nachzudenken, zu meditieren.
Beispiel: Abwesenheit von Beschäftigung, Inaktivität.

UNTERSCHEIDET SICH

von einem Werk: erschaffen von einem Künstler, mit einer Ausgangsidee und einem Ende, dem Endprodukt.
Beispiel: Michelangelo hat aus einem rohen Marmorblock die Skulptur David geschaffen.
von einer Technik: Alle praktischen Prozesse, methodisches Know-how, umgesetzt in einer Disziplin, einem Handwerk, einer Kunst.
Beispiel: Die Periduralanästhesie ist eine medizinische Technik, die während der Geburt angewendet wird.

ETYMOLOGIE

Von dem mittelhochdeutschen Wort *arebeit* abgeleitet, das dazumal »Mühsal«, »Plage« oder »Leiden« bedeutete.

VORHERRSCHENDE DEFINITION

Die Arbeit ist eine anstrengende Tätigkeit, die darauf ausgerichtet ist, natürliche Rohstoffe zu transformieren, neue Güter zu produzieren beziehungsweise neue Ideen hervorzubringen. Der Mensch arbeitet meistens für einen Lohn, der es ihm erlaubt, seine Bedürfnisse zu erfüllen.

ZITATE / REFLEXIONEN

»Die Arbeit ist zunächst ein Prozeß zwischen Mensch und Natur [...] Indem er durch diese Bewegung auf die Natur außer ihm wirkt und sie verändert, verändert er zugleich seine eigne Natur. Er entwickelt die in ihr schlummernden Potenzen [...].« – Karl Marx, Das Kapital

Ist die Arbeit gut für den Menschen? Entfremdet die Arbeit den Menschen von der Natur? Inwiefern ermöglicht die Arbeit auch eine Arbeit an sich selbst?

»Und dennoch wird Arbeit als Weg zum Glück von den Menschen wenig geschätzt.« – *Sigmund Freud, Das Unbehagen in der Kultur*

Ist die Arbeit Fluch oder Segen für den Menschen? Ist Arbeit beschwerlich oder angenehm? Was verdient man durch die Arbeit? Verliert der Arbeiter nicht sein Leben, wenn er arbeitet?

»Wähle einen Beruf, den du liebst, und du brauchst keinen Tag in deinem Leben mehr zu arbeiten.« – Konfuzius
Ist es normal, wenn man seine Arbeit nicht liebt? Ist es leicht, sich eine Arbeit auszusuchen? Heißt seine Arbeit zu lieben, immer noch arbeiten?

EMPFEHLUNGEN
Literatur: *Das Kapital*, Karl Marx, 1867 // *Die Pflicht, glücklich zu sein*, Alain, 1925
Film: *Moderne Zeiten*, Charlie Chaplin, 1936 // *Der König und der Vogel*, Paul Grimault, 1979

DIE WAHRHEIT

»Der Glaube an die Wahrheit beginnt mit dem Zweifel an allen bis dahin geglaubten Wahrheiten.«
Friedrich Nietzsche, Menschliches, Allzumenschliches

FRAGEN

Ist die Wahrheit eindeutig? In welchem Verhältnis steht sie zur Wirklichkeit? Gibt es nur eine oder mehrere Wahrheiten?

IST DAS GEGENTEIL VON

Meinung: eine Art, über ein Thema oder einen Gegenstand zu denken, persönliches Urteil, das nicht unbedingt richtig sein muss.
Beispiel: »Der Hai ist ein menschenfressendes Tier« ist eine falsche Meinung, denn nur ein Dutzend (von mehr als 500 Arten) kann für den Menschen gefährlich werden.

UNTERSCHEIDET SICH

von einem Irrtum: Ein Versehen in guter Absicht, etwas geschieht ohne den Vorsatz, die Wahrheit zu verzerren.
Beispiel: Der 25. Dezember ist nicht der Tag der Geburt Jesu Christi. Er entspricht vielmehr dem aus dem Römischen Reich herrührenden Fest des Sonnengottes. Wir pflegen diese Tradition, ohne zu wissen, dass es sich um einen historischen Fehler handelt.

von der Lüge: hervorgebracht von jemandem, der die Wahrheit kennt, diese jedoch mit dem Ziel verzerrt, andere zu täuschen. Sie kann aus moralischer und juristischer Sicht ein Fehler sein.
Beispiel: Wenn man beim Kartenspiel betrügt, verschleiert man die Wahrheit absichtlich.
von der Illusion: Glaube aus einem Wunsch heraus. Sie verstärkt das ersehnte Objekt in seiner subjektiven Verzerrung und verhindert den Zugang zu objektiven Argumenten.
Beispiel: Wenn man glaubt, dass alle Freunde auf Facebook wirkliche Freunde seien.

ETYMOLOGIE

Warheit existierte schon im Mittel- und Althochdeutschen und bedeutete »wirklich«, »gewiss« oder »recht«.

VORHERRSCHENDE DEFINITION

Die Wahrheit ist abstrakt. Sie ist ein Urteil, das der Wirklichkeit entspricht, es liegt eine Übereinstimmung von Gedanken, Worten und Wirklichkeit vor. Gleichwohl kann diese Übereinstimmung falsch oder verzerrt sein – etwa aufgrund eines Wahrnehmungsfehlers (ein Zweig, den man ins Wasser hält, scheint sich zu verbiegen) oder durch Interpretation (Tränen können auf Traurigkeit hindeuten oder aber auf Freude).

ZITATE / REFLEXIONEN

»Der Mensch ist der Maßstab aller Dinge.« – Protagoras
Kann man sagen: »Jedem seine eigene Wahrheit«? Muss

alles, was wahr ist, wahr für alle sein? Warum ist es wichtig zu zweifeln? Kann man sich selbst belügen?

»Man gestehe also den Pyrrhonikern zu, [. . .] dass die Wahrheit nicht in unserer Reichweite liegt« – Blaise Pascal, Gedanken

Kann man die Wahrheit erreichen? Genügt es darüber nachzudenken? Inwiefern sind Argumente und Beweise notwendig?

»Jeder, der denkt, irrt sich auch und alle unsere Wahrheiten sind ausnahmslos geradegebogene Irrtümer.« – Alain, Vigiles de l'esprit

Inwiefern ist irren menschlich? Trügt der Schein? Inwiefern kann uns die Interpretation einer Tatsache in die Irre führen?

EMPFEHLUNGEN

Literatur: *Theaitetos*, Platon // *Die Kritik der reinen Vernunft*, Immanuel Kant, 1787 // *Signora Frola und ihr Schwiegersohn*, Luigi Pirandello, 1916 // *1984*, George Orwell, 1949

Film: *Die Truman Show*, Peter Weir, 1998 // *Big Fish*, Tim Burton, 2003 // *Das weiße Band*, Michael Haneke, 2009

Serie: *Lie to Me*, Samuel Baum, 2009

Comic: *Der Sohn der Sterne. Thorgal Band 7*, Jean van Hamme/Grzegorz Rosinski, 1988

DIE GEWALT

»Die Gewalt ist eine schwache Kraft.«
Vladimir Jenkélévitch, Le Pur et l'Impur

FRAGEN

Was ist Gewalt? Ist Gewalt nur physisch? Ist Gewalt immer schlecht? Ist Gewalt nicht ein Eingeständnis von Schwäche? Wie soll man auf Gewalt reagieren?

IST DAS GEGENTEIL VON

Respekt: Wertschätzende Haltung gegenüber einer Person, einer Regel, einem Gesetz, das man für erstrebenswert erachtet und das man entweder einhält oder nicht beachtet.
Beispiel: Ich höre auf, im Zug zu telefonieren, wenn dies meine Sitznachbarn stört.
Gewaltfreiheit: Verhaltensweise, die beim Einsatz von Gewalt nicht auf Gewalt zurückgreift.
Beispiel: Gandhi nahm diese Haltung ein, um sein Land Indien von der britischen Kolonisierung zu befreien.

UNTERSCHEIDET SICH

von einem Konflikt: Konfrontation zwischen Menschen oder Gruppen, bei der jeder Beteiligte seine Ideen durchsetzen will.
Beispiel: Der Kampf, um seine Sache zu verteidigen, ist nicht unbedingt gewalttätig. Er kann auch durch den Dia-

log erfolgen, bei dem Argumente ausgetauscht werden, wie bei politischen Wahlen.

ETYMOLOGIE

Die Wörter *gewalt* (mittelhochdeutsch) beziehungsweise *giwalt* (althochdeutsch) sind in dieser Bedeutung bereits seit dem 8. Jahrhundert belegt.

VORHERRSCHENDE DEFINITION

Die Gewalt ist Ausdruck einer starken, aggressiven, exzessiven, übersteigerten Macht, die andere und sich selbst beeinflusst.

ZITATE / REFLEXIONEN

»Der Mensch ist dem Menschen ein Wolf.« – Thomas Hobbes, Leviathan

Ist der Mensch von Natur aus gewaltsam? Ist der Konflikt zwischen den Menschen natürlich oder kulturell bedingt? Kann er auch gut sein?

»Staat ist diejenige menschliche Gemeinschaft, welche [...] das Monopol legitimer physischer Gewaltsamkeit für sich (mit Erfolg) beansprucht.« – Max Weber, Politik als Beruf

Wer hat das Recht, Gewalt auszuüben? Schützt uns der Staat vor der Gewalt durch andere? Beteiligt sich die Gesellschaft an der Ausübung von Gewalt?

»Die Gewalt hält sich immer für Gegengewalt, also für die Antwort auf die Gewalt des anderen.« – Jean-Paul Sartre, Kritik der dialektischen Vernunft

Sind wir für die Gewalt anderer verantwortlich? Ist es legitim, auf Gewalt mit Gewalt zu reagieren? Kann Gewalt noch überschritten werden?

EMPFEHLUNGEN

Literatur: *Leviathan*, Thomas Hobbes, 1651 // *Justine oder vom Missgeschick der Tugend*, Marquis de Sade, 1791 // *Frankenstein*, Mary Shelley, 1818 // *Das Heilige und die Gewalt*, René Girard, 1972

Film: *Gandhi*, Richard Attenborough, 1982, *Uhrwerk Orange*, Stanley Kubrick, 1971 // *American History X*, Tony Kaye, 1998 // *Elephant*, Gus Van Sant, 2003 // *Die Klasse*, Laurent Cantet, 2008 // *Mary & Max*, Adam Elliot, 2009 // *Only God Forgives*, Nicolas Winding Refn, 2013

Serie: *Rom*, John Milius, 2005

Comic: *Murena*, Jean Dufaux, Philippe Delaby, 1997

EPILOG

Die Erfahrung mit der Praxis der Achtsamkeit und den Philosophiekursen mit Kindern erscheint mir von essentieller Bedeutung zu sein, um den pädagogischen Anforderungen nachkommen zu können. Während die Meditation den Kindern hilft, sich auf sich selbst zu besinnen, zur Ruhe zu kommen, ihre Emotionen zu kontrollieren und sich zu konzentrieren, können die Philosophiekurse zu einer besseren Sprachbeherrschung beitragen, sie geben konstruktive Hinweise zum Denken und lassen Diskussionen entstehen, die zwar bestimmten Regeln folgen, aber nicht ohne Humor verlaufen. Sie begünstigen Klarheit und Urteilsvermögen, bringen Leichtigkeit und motivieren die Kinder dazu, sich Fragen zu stellen. Sie fördern den Spaß am Gedankenaustausch. Mit Kindern zu philosophieren sollte ein langfristiges Projekt sein, das regelmäßig und mit Ausdauer umgesetzt wird. Die Ergebnisse werden sich allerdings schon nach wenigen Monaten zeigen.

Ich selbst habe mir schon frühzeitig die Frage gestellt, wie sich diese Erfahrung fortsetzen und in allen Schulen einführen lassen könnte. Während der Vorbereitungen für das letzte Schuljahr wurde ich von mehreren Personen und Vereinen angesprochen, die von meinem Projekt gehört hatten und die selbst ebenfalls Philosophiekurse oder Meditationsübungen anbieten. Dabei konnte ich feststellen, dass es nahezu in der gesamten frankophonen und auch in der angelsächsischen Welt ähnliche Initiativen gibt. All diese Erfahrungen verdienen es, bekannt, unterstützt und weiter gefördert zu werden.

Dabei kam mir die Idee, eine Stiftung zu gründen, die unter der Schirmherrschaft der Fondation de France (Stiftung von Frankreich) steht und mehrere Ziele verfolgt:

- die Verbindung und das Sichtbarmachen der verstreuten Einzelinitiativen, insbesondere durch eine gemeinsame Webseite;
- eine finanzielle Unterstützung der Initiativen, sofern dies erforderlich ist;
- eine Erfassung der Kurs- oder Meditationsleiter, damit Lehrer und Direktoren von Schulen mit ihnen Kontakt aufnehmen können;
- die Eröffnung und Finanzierung einer Fachschule zur Ausbildung von Kursleitern.

Als ich die Verantwortlichen der Fondation de France traf, wurde mir Martine Roussel-Adam vorgestellt, die ebenfalls das Ziel verfolgte, das soziale Miteinander durch die Erziehung zu fördern. Nachdem Martine mehrere Unternehmen gegründet und ausgebaut hatte, rief sie den Verein Chemins d'Enfants (Pfade der Kinder) ins Leben, der sich seit mehr als zehn Jahren um Erziehungsprogramme für Kinder aus prekären Situationen bemüht. Als Präsidentin der Stiftung Fonds Ashoka ist sie zudem im sozialwirtschaftlichen Bereich tätig.

Aus dieser fruchtbaren Begegnung ging die Stiftung Savoir Être et Vivre Ensemble (SEVE) hervor, deren Zielsetzung sich in wenigen Worten zusammenfassen lässt.

Angesichts des Leidens vieler junger Menschen und der Defizite einer auf bloße Wissensanhäufung bedachten Erziehung gegenüber den großen gesellschaftlichen Herausforderungen wollen wir zu einer Erneuerung der Erziehung beitragen. Aus unserer Sicht ist es von grundlegender Bedeutung, dass die Kinder von frühauf lernen, selbst zu denken, ihre Emotionen zu kontrollieren, ihre Kreativität zu entwickeln, Empathie zu zeigen und mit Menschen aus anderen Kulturkreisen zusammenzuarbeiten, sodass sie zu selbstsicheren, aktiven und verantwortungsbewussten Bürgern heranwachsen. Die Stiftung SEVE verfolgt das Ziel, die Projekte zu unterstützen, bekanntzumachen und zu begleiten, die sich für die Weiterentwicklung der für das Zusammenleben erforderlichen Kompetenzen einsetzen beziehungsweise, um noch einmal auf Montaigne zurückzukommen, um gut funktionierende statt gut gefüllte Köpfe bemühen.

Eine Website (www.fondationseve.org) vernetzt alle Erziehungsakteure, die sich für Philosophiekurse und Meditationsübungen an den Schulen engagieren und damit das Zusammenleben und die Umgangsformen insgesamt fördern. Ich lade hiermit alle Personen und Vereine ein, sich unter der E-Mail-Adresse fondationseve@gmail.com zu melden, damit sie sich ebenfalls eintragen können. Die Stiftung wird die Vereine finanziell unterstützen und jährlich einen Preis ausschreiben, um jene Initiativen zu belohnen, die sich darum bemühen, die Fähigkeiten der Kinder im Sinne eines bewussten Miteinander zu fördern. Martine und ich engagieren uns im Rahmen der Fondation de France, die die unserer Stiftung überlassenen Gelder verwaltet, und der wir jedes Jahr einen Teil unserer persönlichen Einkünfte übertragen, um SEVE weiter voranzubringen. Wir möchten aber auch gern alle, die uns unterstützen möchten, dazu ermuntern, einmal auf unsere Website zu gehen. Wir sind für jede Hilfe dankbar.

Eines der Hauptanliegen der Stiftung besteht darin, eine Ausbildungsstätte für Philosophie- und Meditationskursleiter ins Leben zu rufen und zu finanzieren. Dieser vollständig kostenlose Lehrgang dauert ein Schuljahr und soll die Anzahl der geschulten Personen erhöhen, die einen Philosophie- oder Meditationskurs leiten können. Auf diese Weise soll ein Netzwerk von Lehrkräften entstehen, die direkten Einfluss bei den Lehrern während ihrer Ausbildung oder der Weiterbildung durch das Bildungsministerium oder andere Institutionen nehmen können.

Ich habe mit meinem Freund Abdennour Bidar über dieses Projekt gesprochen und ihn eingeladen, bei einem Philosophiekurs zu hospitieren. Da er selbst von der Wichtigkeit philosophischer Debatten im Rahmen wöchentlicher Kurse an den Grundschulen überzeugt ist, veranlasste er ein Treffen mit der Bildungsministerin, die sich dem Projekt gegenüber sehr aufgeschlossen zeigte. SEVE wird daher sowohl mit dem Bildungsministerium als auch mit allen interessierten Privatschulen zusammenarbeiten.

Eine Ausbildung von fünfzig Teilnehmern, die ich in Zusammenarbeit mit zehn weiteren fachkundigen Personen (mit Erfahrungen in Meditation, Philosophieunterricht und Kinderpsychologie) leite, wurde im September 2016 in der Gegend Rhône-Alpes initiiert, weitere sind in ganz Frankreich in Planung. Wer dieser Entwicklung folgen möchte (oder Interesse hat, selbst als Ausbilder teilzunehmen), kann gern über die Website von SEVE mit uns Kontakt aufnehmen. In Frankreich, Belgien, der Schweiz und im Quebec werden Tage der offenen Tür organisiert, bei denen die Unterrichtsinhalte sowie Lehrer und Auszubildende vorgestellt werden.

Václav Havel hat einmal gesagt, dass angesichts der technischen Revolution und der durch die schnelle Globalisierung der Welt hervorgerufenen Umwälzungen – mit all ihren tragischen Folgen, die wir derzeit erleben –, eine Revolution des menschlichen Bewusstseins nötig wird. Da die Erziehung das Bewusstsein des Kindes weckt und es ihm den Weg ebnet, eine emotionale Intelligenz und einen kritischen Geist gegenüber den politischen und religiösen Ideologien zu entwickeln, ist sie auf kurze und lange Sicht der Schlüssel für ein besseres Zusammenleben. Es ist daher an der Zeit, daran zu arbeiten.

DANKSAGUNGEN

Zunächst möchte ich von ganzem Herzen all den Kindern aus den achtzehn Klassen danken, die an den Philosophiekursen teilgenommen haben. Danke für die Begeisterung, mit der ihr bei Meditation und Philosophie dabei wart. Ihr habt mich sehr berührt und ich werde euch bestimmt nicht vergessen, selbst wenn es für uns keine gemeinsamen Kurse mehr geben sollte. Vielen Dank auch an eure Eltern, die zugestimmt haben, dass wir die Kurse fotografisch und filmisch festhalten durften.

Ich bedanke mich ebenso bei allen Lehrern für ihr herzliches Willkommen und die Möglichkeit, in ihren Klassen regelmäßig Philosophiekurse geben zu dürfen: Bernadette, Sylvie, Nathalie, Élodie und Lana in Genf, wo dieses Abenteuer begonnen hat; Nathalie Casta und Michèle Bianucci in Brando; Catherine Houzel in Paris; Stéphanie Lauras und Sophie Maire in Pézenas; Stéphanie Dreayemaeker und Aurélie Néruez in Molenbeek; Cathy Bocobza in Mouans-Sartoux.

Mein Dank gilt auch den Schuldirektoren und all jenen Menschen in den Schulen und Rathäusern, die die Philosophiekurse unterstützt haben. Ein besonderes Dankeschön möchte ich an Catherine Firmenich und Marie-Jeanne Trouchaud aussprechen, ebenso an Alain Vogel-Singer, Florence Loth, Gérard Duffour, Marie-Pierre Vidal, Paul Lestiennes, François Combescure und Daphné Tailleux. Ganz herzlichen Dank an Isabelle Wieber für den Philosophiekurs mit den behinderten Kindern in Nizza und an Linda Maola und Lotti Lattrous für den Kurs im Waisenhaus von Abidjan.

Mein besonderer Dank gilt Liliana Lindenberg für ihre aktive Beteiligung und ihr großartiges Lächeln, das mich die ganze Zeit über begleitet hat. Ein großer Dank geht ebenfalls an Stella Delmas für die geduldige Transkription der Mitschnitte, an Stephen Sicard, und an Olivier Barbaroux für seine kostbare Hilfe bei der Redaktion der Begriffsdefinitionen.

Ich möchte ganz herzlich all den Menschen danken, die mit mir zusammen die von mir gegründete SEVE Stiftung (www.fondationseve.org) betreuen, angefangen bei Martine Roussel-Adam, Abdennour Bidar, über Philippe Lagayette, Dominique Lemaitre und Mathilde Lerosier von der Fondation de France, bis hin zu Marie-Thérèse Pirpolli, Nathalie Brochard, Edwige Chirouter, Patrick Tharrault, Bruno Giuliano, Véronique Inacio, Nastasya van der Straten Waillet, Caroline Lesire und Ilios Kotsou von der Association Émergences.

Mein großer Dank gilt schließlich Francis Esmérard und meiner Verlegerin Lucette Savier sowie Lise Boëll für ihre juristischen Ratschläge bei der Umsetzung des Buchprojekts.